O EGOÍSMO MADURO
E A INSENSATEZ DO CAPITAL

Dados Internacionais de Catalogação na Publicação (CIP)
(Câmara Brasileira do Livro, SP, Brasil)

Barcellona, Pietro

O egoísmo maduro e a insensatez do capital / Pietro Barcellona; tradução Sebastião José Roque. — São Paulo: Ícone, 1995

ISBN 85-274-0324-2

1. Capitalismo 2. Individualidade 3. Socialismo I. Título.

95-0165   CDD-302.54

Índices para catálogo sistemático:

1. Individualidade: Psicologia social   302.54
2. Indivíduos: Psicologia social   302.54

PIETRO BARCELLONA

Membro do Conselho Superior de Magistratura
Prof. do Instituto de Direito Privado da Universidade de Firenze.

O EGOÍSMO MADURO
E A INSENSATEZ DO CAPITAL

Tradução
Sebastião José Roque

© Bollati Boringhieri Editore s.p.a.
Torino — Italía

© Direitos de publicação para língua Portuguesa
ÍCONE EDITORA LTDA

Coordenação Técnica
Carlos E. Rodrigues
Márcio Pugliesi

Produção
Anízio de Oliveira

Diagramação
Rosicler Freitas Teodoro

Revisão
Rosa Maria Cury Cardoso

Proibida a reprodução total ou parcial desta obra,
de qualquer forma ou meio eletrônico, mecânico,
inclusive através de processos xerográficos,
sem permissão expressa do editor
(Lei n° 5.988, 14/12/1973).

Todos os direitos reservados pela
ÍCONE EDITORA LTDA.
Rua Anhanguera, 56/66 — Barra Funda
CEP 01135-000 — São Paulo — SP
Tels. (011)826-7074/826-9510

ÍNDICE

Prefácio 9

PRIMEIRA PARTE: A grande integração sistêmica

1. Categoria e estratégia da complexidade 15
1. O triunfo da indiferença: a mediação prismática. 2. A categoria da complexidade: uma palavra-chave. 3. A categoria da complexidade e a teoria social: a teoria sistêmica. 4. A teoria sistêmica como estratégia de neutralização do conflito social. 5. A teoria sistêmica e o governo da sociedade massificada.

2. A institucionalização da vida e o desvio do desejo 29
1. Crise do movimento operário e crise do projeto: o desmoronamento do trabalho e a destruição do Estado. 2. A dissolução do sujeito no sistema e o desvio do desiderato. 3. O sucesso do capitalismo e a visibilidade das necessidades. 4. A otimização da vida: institucionalização e narcisismo.

SEGUNDA PARTE: O insucesso das estratégias reformistas

3. Reformismo e inovação sistêmica 45
1. A parábola do reformismo: os perfis do reformismo clássico. 2. O reformismo adaptativo ou a debilidade do reformismo atual: o reducionismo sociológico.

4. A improvável estratégia da cidadania 45
1. Cidadania e Estado social. 3. A concessão universalista da cidadania social. 3. A concessão seletiva e diferenciada da cidadania social. 4. A contradição da categoria da cidadania social. 5. Cidadania social e políticas governativas: lutas e estabilização.

5. A estratégia do agir comunicativo: o ineludível problema da vontade do poder 65
1. Habermas versus Luhmann: a teoria consensual da verdade. Agir comunicativo e legitimação discursiva das normas. 2. A igualdade formal como universal jurídico: o arbítrio da eliminação da diferenças. 4. O universal jurídico e a instituição do mercado e do cálculo econômico.

TERCEIRA PARTE: a forma desfeita

6. A crise da democracia 81
1. A crise dos pressupostos da representação política: o indivíduo autônomo e o interesse geral. 2. A falta de fundamento de uma teoria natural dos interesses. 3. A teoria sistêmica e a metafísica da eficiência. 4. A teoria sistêmica e a decisão de "não ver". 5. A irrepresentabilidade do "feminil".

7. Raciocinando sobre a crise da justiça 93
1. Racionalização e crise da forma jurídica. 2. Crise do direito e crise da mediação política. 3. A diferenciação funcional e o resíduo invisível.

8. O ocaso da cidade 99
1. A cidade inospitaleira da sociedade massificada. 2. Industrialização e transformação da cidade em um sistema de objetos. 3. Crise da cidade e anomia social.

9. Além da questão moral 105
1. Os paradoxos da moral. 2. Os processos de adaptação e a ideologia do consumo. 3. Cultura do limite e sobrevivência do "específico humano".

QUARTA PARTE: O egoísmo maduro

10. Invivibilidade e crítica do presente 115

11. A expropriação da esfera emotiva 119
1. A reprodução da vida sem a esfera humana. 2. Crítica da tecnização da vida.

12. Apologia do egoísmo maduro 123
1. Do narcisismo ordinário ao egoísmo maduro. 2. Egoísmo e alteridade.

13. Uma idéia para o comunismo 133
1. O comunismo e o problema do outro. 2. O "outro histórico".

14. Atualidade do comunismo e problema da técnica 139
1. O "destino técnico" do ser e a crítica da máquina capitalista. 2. Técnica e natureza. 3. Técnica e liberdade.

PREFÁCIO

Escreve-se o prefácio quando, terminado o trabalho, relendo-o, constata-se que na realidade nem tudo foi dito. O prefácio é a consciência do intento que moveu a reflexão e que se adquire "ex post": por isso, o prefácio é um esclarecimento e um início.

Este livro é a tentativa de repensar o indivíduo e de fazê-lo dentro da tradição da crítica ao capitalismo.

A escolha desta questão não é para ir ao encalço, embora na utopia do comunismo de Marx como reino da liberdade realizada, mas, de preferência na conexão que Marx instituiu entre o sistema capitalista, ou, segundo diz Claudio Napoleoni, entre a aberrante automatização da produção das "razões" do vivente, e os processos de empobrecimento da constituição da individualidade, do indivíduo em carne e osso.

Não se trata, então, do humanismo aristocrático do sujeito que proclama a sua capacidade de conhecimento e domínio da natureza. O indivíduo de quem se fala não é nem o "herói espancado" de Brecht ou o "omino" de Chaplin, que se contrapõem ao burguês proprietário para fazer valer a sua irredutibilidade à "máquina", que parece esmigalhá-lo.

Não há nenhuma essência do homem, que faça valer contra a degeneração da objetivação sistêmica. Assim como não há alguma harmonia social originária para reintegrar pela composição da rasgadura ocorrida no evento da conquista técnica da natureza.

O conhecimento científico do cosmo, do universo de galáxias, que se dilata como enorme medusa, e das partículas elementares em que é decomponível a matéria vivente, que mostram a "bela estátua" sempre a ponto de demolir-se em um conjunto de fragmentos, nos diz que tanto o homem como a sociedade são puro acidente.

O pensamento e a linguagem que constituem o específico humano, com toda possibilidade "aconteceram" sem que ninguém soprasse a poeira: a idéia não precede a vida e a história humana não é um capítulo da história natural. A estrutura do mundo é, como foi dito, inteiramente independente dos nossos processos de pensamento. A "coisa" não está à nossa frente para ser possuída: a sua transcendência é a sua absoluta indiferença e opacidade.

E, todavia, somos nós que imaginamos a estrutura do mundo e a traduzimos em imagens, em sensações e em conceitos que nos facultam apreender a distância delas.

O indivíduo pensante é um caso no acontecimento da evolução biológica, mas, a partir deste caso, inicia-se a artificialidade do "construir". No mecanismo materialista insinua-se a possibilidade de uma atividade consciente: começa a aventura histórica do vivente humano.

Sem individuação e a consciência que institui a distância e a diferença da "coisa e entre as coisas", e sem a comunicação interindividual, com toda probabilidade, esta aventura não se teria realizado. Porém, desde que "aconteceu", somos responsáveis por esta aventura: o caso transformou-se em liberdade. Uma indagação das razões do indivíduo dentro da tradição marxista significa colocar no centro o "fato", o evento. Significa aceitar que possamos conhecer apenas aquilo que fazemos e que, neste partidarismo em que decidimos ser responsáveis, está toda nossa dignidade. Renunciar a esta possibilidade quer dizer substituir o "fato antigo" pelo "moderno", deixar que a lógica que necessita da máquina capitalista nos entregue à brutalidade da indiferença. Na época da organização técnica e da manipulação técnica da vida, repensar o indivíduo significa reconstituir as "margens" do acontecimento, do imprevisto, já que disso depende a conservação do espírito humano. Sem isso não há nem mesmo liberdade.

O EGOÍSMO MADURO
E A INSENSATEZ DO CAPITAL

Certamente, as tentativas de liberação empreendidas até hoje tiveram efeito contrário: a catástrofe foi reforçada ao invés de afastada. Mas, se alguém pensa que a liberação seja possível, de que modo será possível pensar nela a não ser como um modo novo de referir-se ao homem, fora da tentação do subjetivismo, e, depois do caminho até agora tentado ou sugerido pelo "umanesimo"?

Claudio Napoleoni

PRIMEIRA PARTE:

A GRANDE INTEGRAÇÃO SISTÊMICA

CAPÍTULO I

Categoria e estratégia da complexidade

1. O triunfo da indiferença: a mediação prismática

Pode parecer uma indulgência para com o historicismo procurar a especificidade da época atual, apesar de que toda época constitua "uma definida unidade de sentido". Mas a especificidade da época pode ser procurada inclusive além e até com a filosofia da história se, por exemplo, se chega ao ponto de vista de Schmitt, quando retoma a tese segundo a qual toda época pode-se caracterizar como específica resposta a um desafio, e desafio como "irrupções improvisadas" num contexto ordenado de informações e regras.

O desafio 'porém' não é tal se não se tornar um ponto decisivo da auto-representação de uma sociedade, de modo que uma sociedade tematiza a própria relação com o tempo.

Schmitt vê o desafio do presente na "irresistível derrubada do "logos" moderno na dissolução da razão humanista do processo linear e indefinido". Ocidente e Oriente perderam a linha dos confins: a religião da liberdade ocidental, "a luz do ocidente", entrou em contato com a "noite abissal" do "flamejante poder ctônio"; arbítrio e liberdade se enfrentam na vida das metrópoles, em que a "guerra civil mundial prossegue como mescla insensata de modernidade e barbárie".

Qual é então o apelo que nos vem da época presente, o desafio ao qual estamos sendo chamados? Segundo Schmitt, o progresso e a própria noção de Ocidente trouxeram a um "cancelamento das diferenças", a uma "uniformização tendencial" do mundo: o veículo desta uniformidade foi o universalismo (do positivismo) jurídico e o liberalismo econômico que constitui sua substância. Parece-me que Schmitt revela um ponto verdadeiro da situação atual.

A sociedade que aparece aos nossos olhos é destituída de confins e de linhas de determinação, caracterizada como é de um contínuo extravasamento de uma babel de línguas; saltaram todos os "normalizadores" que a razão iluminista tinha construído com as suas classificações rigorosas e com as suas nítidas divisões de campo.

Guerra e paz se confundem em uma guerra permanente que pulula nos diversos fogos regionais como um fogo jamais apagado e pronto a reativar-se.

Moléstia e saúde mental trocam-se continuamente de lugar na procura extrema de um medidor da modernidade que a psiquiatria tradicional, com as suas tipologias rígidas, não consegue mais proporcionar e que a nova psiquiatria renuncia à elaboração na desesperada tentativa de perseguir a especificidade de todo "caso".

Crime e revolta se mesclam na ambigüidade inquietante do terrorismo que emerge continuamente à superfície da ordem baseada sobre a opulência e difusão do bem-estar.

As "informações de duplicidade" — a esfera da sexualidade pessoal — não são mais distinguíveis com os critérios do direito de família; quem convive com a amante não é mais um transgressor, mas o co-vivente com uma família de fato, que tem a sua específica regulamentação jurídica, substancialmente equiparada à família legítima. Por outro lado, pode-se trocar "sexo e identidade" anagráfica com assistência do Estado e com pleno reconhecimento jurídico desta "nova liberdade". A identidade sexual não é definitiva; vem mesmo depois do mutamento, já que se pode repristinar o velho "status".

A confusão parece instalada no posto de comando com garantia do indiferenciado, do contínuo sem distinção. Até o filósofo deixou de pensar na solidão obstinada da separação e da distância e produz "filosofia popular", receita para todos os usos. O princípio da individualidade que desarrumou a mente de Nietzsche foi riscado do horizonte filosófico.

Também a "natureza" — o grande adversário a ser dominado — é continuamente devorada e proibida em uma balança que a faz parecer sempre mais como um momento do metabolismo mundial da população do planeta.

Parece o reino da liberdade, onde tudo é movimento; e, todavia, tudo parece incrivelmente firme no tempo e no espaço.

Nunca como na época presente, de fato, o "jurisdicional" da vida individual e coletiva encontra o paroxismo; para todo caso há uma norma; uma lei para todo evento, para toda "emergência". Nunca como na época presente, a "estabilidade social" parece um resultado conquistado: as transgressões, as perversões, as insubordinações não têm mais o ar de ser medidas vagantes, capazes de fazer saltar a ordem constituída e o sistema social, mas temporais de outono.

No triunfo da indiferença tudo é "particular", insuscetível de generalização (positiva ou negativa): a guerra não é total, a transgressão não é revolução; a anomalia não é irrecuperável. Tudo é consentido em pequenas doses, tal como o veneno usado como vacina. Caso e lei parecem ter-se encontrado em estranho equilíbrio sem mediação.

Na realidade, esta sociedade que paradoxalmente mantém junto uma indiferença extrema e o culto do particular, que não reconhece qualquer tensão entre individualidade e universalidade, entre sujeito e objeto, encontrou o seu mais eficaz mediador que a história conheceu: a mediação do "espelho prismático", capaz de refletir todas as figuras, os desejos, as paixões, e de restituí-las ao destinatário como uma imagem personalizada e, ao mesmo tempo, múltipla.

A "mediação prismática" é uma mediação ao mesmo tempo "totalizante" — porque todas as imagens são refletidas e nenhum ângulo pode afastar a "rapacidade" do prisma — e estraçalhada, já que nenhum ponto está em condições de "representar" a unidade do objeto-sujeito. Paradoxalmente, a mediação prismática dissolve as precedentes mediações e a relativa duplicidade (sujeito-objeto, particular-geral, finito-infinito), mas não produz realmente a imediatez de uma percepção procurada na informação simbiótica entre o eu e o mundo — entre o "ego" e o "alter"— e nem a consciência da intransbordável distância entre o "si mesmo" e o "outro" (representáveis apenas pelo simbolismo da idealização). Multiplicada ao infinito a mediação da reflexidade, pelo prisma da polifuncionalidade sistêmica, tornando impossível todas as outras "representações" que não correspondam às diversas faces do mesmo prisma.

A mediação prismática recolhe a quebradeira e a organiza na geometria do prisma. O prisma é o novo organizador do monismo individual e, ao mesmo tempo, a sua dissolução na fuga das imagens não-comunicantes. O modelo implícito da mediação prismática é a grande trama dos circuitos da informática e a estrutura da relação que se institui entre o singular e a "máquina pensante". O computador é realmente o novo candidato a mediador geral e exclusivo entre o eu e o mundo.

Aparentemente, a mediação prismática (como a comunicação informática) realiza o máximo de personalização da informação entre o singular e o mundo externo. Basta pensar no tratamento informático dos problemas da educação, da aprendizagem e da informação. É assim uma hipótese realista do ensino e da educação concretizada por meio de uma programação cibernética, que permite a cada um escolher os argumentos e as informações sobre as quais basear o próprio curso de estudo e o processo cognitivo da realidade.

O mestre parece fatalmente destinado a ser substituído pela "máquina pensante". Analogamente, é plausível prever a possibilidade de se construir pelo cérebro eletrônico uma espécie de jornal pessoal, medido pelos pedidos e curiosidade do usuário que poderá dispor, graças a um código informático, de um conjunto de informações jornalísticas, de imagens televisivas e de relativas explicações.

A informação e educação vindas do computador restituem a cada um tudo aquilo que exprime a sua necessidade de apreensão e a sua curiosidade de notícia, sem a necessidade da tradicional comunicação baseada sobre a mediação humana e sobre as informações interpessoais.

A mediação prismática vai abolindo a necessidade da mediação interpessoal e dos códigos de comportamento baseados no contato humano. É o extremo da abstração e junto o extremo do materialismo. Cada um é interlocutor de si próprio por intermédio da "máquina pensante" que torna disponível aparentemente todo o mundo externo de maneira conforme às próprias exigências: o cada um parece padrão absoluto da escolha entre os diversos programas educativos e informativos, de consumo, incluídos na programação cibernética.

A conexão entre a extrema personalização, atomização, da mediação prismática e a tonalidade é, todavia, implicitamente garantida pelo código informático, já que as representações (do mundo) de que se pode dispor não são confiáveis por ocasião das informações interpessoais e a experiência dirigida dos acontecimentos, mas a elaboração previamente atuada da programação informática. O programa cibernético é a forma acabada da nova racionalidade implícita na mediação prismática, é o grande filtro entre o "cada um" e o mundo do acontecer e do recíproco adaptar-se à relação prática entre o eu e o outro.

A mediação prismática é a conexão formalizada do isolamento externo do "cada um"; é forma do estar junto de uma sociedade reduzida a pedaços, a conexão de uma sociedade sem sociabilidade. O espelho prismático da reflexidade multiversa assume a "complexidade" como novo paradigma da época moderna: a complexidade vem, de resto, indicada como o grande desafio do tempo presente.

2. A categoria da complexidade: uma palavra-chave

A palavra-chave da nossa época é, de fato, a complexidade. Trata-se de uma palavra com a qual se alude a fenômenos múltiplos e a diversos níveis de análise, mas que certamente representa "a crise de toda explicação simples do mundo" e dos processos sociais, precludendo toda possibilidade de reduzir a representação de fato e de acontecimentos naturais e sociais a esquemas conceituais confiados a uma lógica linear.

Os problemas que são extraídos dessa expressão, entrada na linguagem comum, vão do nível existencial, em que mais evidente se faz o descarte entre o conhecimento dramático dos problemas de nosso tempo (do nuclear à paz) e o sentimento de impotência a incidir concretamente sobre os processos decisórios, ao nível da organização política e institucional da sociedade.

Qual é o lugar e a forma da decisão em uma sociedade que vem representada como complexo? E que significa, sob o ponto de vista empírico-prático, dizer que o mundo com o qual devamos confrontar é um mundo complexo que torna sempre mais inaferrável a totalidade dos elementos e dos danos?

Complexidade como indisponibilidade individual dos dados, não univocidade deles próprios, como dificuldade de construir o próprio processo de uma decisão eficaz, capaz de exprimir uma escolha e de resolver um problema que não seja particular ou local. Complexidade como pluralidade de centros de informações, de decisão, de ação. Complexidade, pois, como multidimensão do pensamento que corresponde a uma multidimensionalidade dos processos, dos fatos e da mesma individualidade, dos fatos e da própria individualidade empírico-social. A complexidade é, nesses termos, o substrato da mediação prismática.

Parece que na noção de complexidade esteja implícito não só o conhecimento dramático de uma debilidade da razão defronte a uma mudança de horizontes e de níveis, mas que esteja em questão o estatuto de todos os conhecimentos positivos que presidem à organização da esfera de ação individual ou coletiva. Por isso tentamos, ainda que sumariamente, indicar os níveis e as implicações que tocam os diversos aspectos da noção de complexidade.

Um primeiro nível certamente decisivo, também para a compreensão dos outros, é o epistemológico, que investe diretamente o coração da teoria do conhecimento. Além do seu caráter paradigmático, a noção de complexidade denota, de fato, uma profunda mutação do horizonte epistemológico.

Dois são os pontos que basta lembrar para se levar em conta. O, assim dito, retorno do observador ou, mais em geral, a "reintegração do observador nas próprias decisões. Trata-se, aqui, do reconhecimento assim indiscutido, seja sobre o plano teórico que sobre o operativo, do caráter independente do observador de todas as noções relativas ao campo observado. Observador e observado estruturam-se reciprocamente e não é possível assumir o ponto de vista do observador para prescindir do modo em que vem configurado o campo de observação, e, vice-versa, não é possível definir o campo de observação prescindindo do ponto de vista do observador.

Representa-se nessa operação a superação definitiva do dualismo sujeito-objeto, da mesma possibilidade de configurar um processo de conhecimento como progressiva aproximação à representação do objeto em si e per si. O campo de observação retroage sobre o observador à sua volta como o efeito sobre a causa, e da parte sua o observador estrutura e define o campo do observador e do observado. Retroatividade e recursividade são os elementos da nova relação entre sujeito e objeto que tendem a definir o caráter circular do conhecimento, ou seja, o caráter substancialmente auto-referencial de todo processo cognitivo em que se institui uma relação entre observador e objeto da observação.

Circularidade do conhecimento significa, contudo (e eis o segundo ponto de vista introduzido na noção de complexidade), um ponto de vista arquimédio a partir do qual seja possível a representação da totalidade social no seu conjunto. Não há mais qualquer lugar a partir do qual em uma visão da complexidade como categoria criativa do processo cognitivo, seja possível atingir uma verdade objetiva, um ser da coisa a prescindir do sujeito que a considera.

Movendo desta concessão da circulabilidade do processo cognitivo, deste caráter pluridimensional da representação da sociedade e do mundo, constitui-se o conjunto das interações e das retroações que constituem o sistema cognitivo-social. Todo ponto de vista do observador isolado torna-se campo de observação de outro observador. E de tal modo, como na representação simples, o objeto retroage sobre o sujeito, que o ponto de vista tomado como campo de observação retroage sobre novo ponto de observação.

O sistema social é um ponto de vista que interage com o conjunto, com o amontoado dos pontos de vista que são expressos pelos atores isolados ou melhor pelos indivíduos isolados.

A organização social é isto que determina um sistema a partir de elementos diferentes, e constitui então uma unidade, ao mesmo tempo em que constitui uma multiplicidade. A complexidade lógica da "unitas multiplex" nos impõe a não resolução do múltiplo, nem do um no múltiplo. Por isso, um sistema é, no complexo, alguma coisa a mais e alguma coisa a menos das partes e dos elementos que compõem. Um sistema social é produto da interação entre os indivíduos, mas estas interações produzem, por sua vez, uma totalidade organizadora que retroage sobre os indivíduos para "co-produzi-los" ou produzi-los quais indivíduos humanos.

A parelha clássica de causa e efeito para explicar a relação entre indivíduo e Estado, entre sociedade e sistema, é completamente pulada. A noção de "anel retroativo" demonstrou assim que o efeito retoma de maneira determinante sobre a causa que o produz. A mutação epistemológica se reverbera portanto sobre a teoria da sociedade que se apresenta como uma totalidade estruturada em torno de uma multiplicidade de centros, e, todavia, destinada a ser por vocação uma totalidade parcial definida pelos confins do campo de observação em que o ponto de vista estrutura a unidade múltipla que compõe o "sistema social", mas ao mesmo tempo determina a estrutura e o âmbito do campo de observação.

3. A categoria da complexidade e a teoria social: a teoria sistêmica

A teoria social que se constitui a partir da epistemologia da complexidade leva à concessão de um sistema que se põe em uma relação permanente com o que ficou fora, e que por isso se institui sempre como sistema que está em relação determinada com um "ambiente". O sistema é parcial e se encontra à frente de tudo o que nele não for compreendido como ambiente externo; mas o ambiente externo não é indiferente para o sistema. Nesta visão, em cuja retroação e recursividade estão as noções dominantes, sistema e ambiente não podem deixar de se interagirem.

Os estímulos que vêm do sistema não podem deixar de influir sobre o ambiente, produzido uma tendencial determinação estrutural, e, vice-versa, o ambiente não pode deixar de influir sobre o sistema, por via da introdução nele.

A dinâmica da relação entre sistema e ambiente é determinada pelo "diferente nível de complexidade do sistema em relação ao ambiente". O ambiente é mais complexo do que o sistema, e o sistema, para responder à complexidade do ambiente, deve, por sua vez, fazer-se incessantemente mais complexo, mas deve também funcionar como redutor da complexidade do ambiente, já que, se fosse investido na complexidade flutuante deste, terminaria por perder a identidade do ponto de vista que o faz subsistir como sistema.

Daí a dupla função do sistema: reduzir a complexidade do ambiente, e, ao mesmo tempo, reproduzi-lo internamente, graças a uma contínua reestruturação e um processo contínuo de diferenciação funcional. Para isso, o sistema deve definir a sua compatibilidade.

Há um preço que o sistema não está disposto a pagar: não pode introduzir em si mesmo mais complexidade do que a própria identidade, o próprio ponto de vista, lhe consente assumir. O sistema, por isso, segundo o seu princípio organizativo é fechado e aberto ao mesmo tempo: aberto porque interage com os estímulos que vêm do exterior; fechado porque não pode conhecê-los e organizá-los, a não ser sobre a base dos próprios critérios organizativos.

Incalculáveis são as conseqüências desta teoria social sobre o plano da representação da sociedade. O sistema social, à luz da teoria da complexidade, não pode ser imaginado como um sistema, com um centro de imputação, como uma organização que gira em torno de um eixo. O sistema social construído com base na teoria da complexidade é centralizado e policêntrico ao mesmo tempo.

O sistema não tem um modo de exprimir um princípio de verdade: a verdade do sistema pode ser ao máximo entendida como uma tendência a uma totalidade, que é todavia inatingível pela mesma premissa constitutiva da noção de complexidade. Como recorda Morin, retomando Adorno, o método da complexidade é, por si, o sinal de uma tendência para o saber total e, ao mesmo tempo, a consciência antagonista de que a totalidade, como toda simplificação, não é verdade.

A totalidade é, ao mesmo tempo, verdade e não-verdade, e a complexidade está exatamente na conjunção de conceitos que se combatem reciprocamente. Mas como o sistema é parcial, assim a verdade que se realiza no interior do sistema não pode ser mais do que parcial. Para tanto, não é imaginável qualquer assunto geral que consiga conhecer a totalidade. Só uma simplificação arbitrária tornaria possível uma operação que reconduza o conjunto dos conhecimentos e do saber a um único assunto.

Do ponto de vista do sistema social, então, e do método sistêmico, não há rejeição entre aparência e essência, não há dialética entre interno e externo. Existe um infinito processo adaptativo que se desenvolve em um pequeno espaço circular e não mais, segundo o velho esquema, em uma única visão linear do processo histórico.

Tudo isso comporta inevitavelmente que, da visão sistêmica dos processos cognitivos do sistema social, não se possa deduzir alguma escolha, alguma opção; é possível apenas uma decisão que se coloque e se estruture no interior do procedimento sistêmico e penetre nos limites do próprio sistema. Assim como não há um lugar na verdade, analogamente não há um ponto ou uma premissa lógica da qual sejam deduzíveis conseqüências para a ação. A ação só pode considerar-se como ação contingente a partir de uma decisão que, por sua vez, tem o mesmo espaço de contingência da complexidade, em meio da qual se move.

O sistema pode ser julgado apenas com base na sua capacidade. O seu desempenho consiste na duração e, de outra parte, a probabilidade de sucesso das respostas do sistema aos distúrbios do ambiente depende da sua capacidade de transformar a variedade incontrolável do ambiente em variedade controlada do sistema.

A variedade do ambiente e a variedade do sistema, as duas diversas complexidades que os representam, entram em uma relação específica de correspondência segundo a lógica relacional fundada sobre critérios seletivos do próprio sistema. É próprio à seletividade interna do sistema confiar a tarefa de manter a sua identidade. A seleção que qualifica o sistema vale como elemento do próprio sistema e constitui a base da sua substancial auto-referencialidade ou circulabilidade.

Não é necessário despender muitas palavras para avaliar a implicação e as conseqüências operativas que a teoria sistêmica produz sobre tradicionais representações da sociedade e do Estado. A teoria da complexidade e a teoria social dos sistemas anulam toda representação do processo social como constituído da dinâmica contraditória e tornam praticamente "inoperante uma teoria do conflito" que a assuma como o centro do movimento da completa dinâmica social.

A própria noção de crise, que apontou na cultura política e social a noção mais representativa dos processos de mudança, está fadada a parecer como inadequada, a respeito dos mecanismos de adaptação contínua que a organização sistêmica é capaz de realizar.

Deste ponto de vista poder-se-á entrever uma linha de continuidade entre a representação tradicional do conflito social como conflito entre classes contrapostas, até a teoria social do pluralismo ou da sociedade pluriclassista, que, todavia, já está indicando uma superação da visão dicotômica e do centralismo do conflito entre capital e trabalho.

O modelo pluralista antecipa, de qualquer maneira, o êxito da complexidade: da sociedade dicotômica à sociedade pluriclassista, até o êxito da sociedade complexa.

A teoria pluralista tende já a fracionar, em uma pluralidade de conflitos e de interesses, a malha dinâmica da sociedade e sua relação com as instituições. Deste ponto de vista, o modelo neocorporativo representou, melhor do que qualquer outro, o que está em condições de descrever o funcionamento de uma sociedade organizada em torno de uma pluralidade de interesses que entram em competição na arena do mercado ou na arena da política. Mas, na representação da sociedade pluriclassista é implícita a superação de toda representação possível de um conflito central, de um centro de referência em torno do qual se desenvolve a posse. O êxito do pluralismo, nesses termos, parece preparar a vereda para a teoria da complexidade e para a progressiva "complexificação" do sistema social e das relações individuais.

4. A teoria sistêmica como estratégia de neutralização do conflito social

A teoria social sistêmica é, sob esse perfil, não apenas uma configuração da sociedade, mas uma verdadeira e própria estratégia operativa. Quer-se dizer que a "complexificação" é ao mesmo tempo uma representação da fenomenologia social mas também um potente instrumento de neutralização do conflito no modo em que vinha colocado pela doutrina política e social tradicional. A teoria da complexidade social, nesta ótica, é uma teoria que representa eficazmente os processos de massificação e de integração das sociedades contemporâneas, que parecem dominadas por um individualismo atomístico em que vêm progressivamente se obscurecendo.

É evidente que tudo isso não pode deixar de trazer conseqüências de grande relevo sobre as teorias que foram postas na base da representação da sociedade e do Estado. Expressões como representação ou soberania nacional, que foram postas na base da concessão do Estado moderno, parecem sempre menos significativas.

Em que termos, no tocante à teoria sistêmica, poder-se-á exprimir a "soberania nacional", se a política se reduz a um âmbito determinado do sistema, a um subsistema circunscrito por bem precisos limites (que não podem assumir nenhum papel de centro, a respeito do conjunto das relações sociais?).

Que quer dizer "representação política" em uma sociedade caracterizada pela massificação e pelo individualismo, e que encontra expressão no sistema complexo? É deveras evidente que a noção de representação política construiu-se em torno de uma visão da política como centro, a uma organização dos partidos como representantes das classes, a uma decisão política como representação do interesse geral ou coletivo.

Em um sistema complexo e em uma sociedade complexa, é inevitável que a totalidade que se tornou opaca não seja atendida, e que as razões do conflito não sejam mais transparentes nem representáveis.

Para convencer-se disso, basta considerar um momento e, de modo mais analítico, os efeitos da complexificação sobre a configuração dos "processos decisórios" da dinâmica social e da esfera política.

O processo decisório em uma sociedade (complexa e no âmbito de uma teoria sistêmica) só pode, realmente, reduzir-se a puro procedimento de canalização e de institucionalização dos interesses e das necessidades. A complexificação da sociedade e dos sistemas, realmente, não pode deixar de ter como efeito determinante a desestabilização de toda representação da realidade social, a ab-rogação de toda concessão valorífica da democracia.

Analogamente, as "dinâmicas sociais" e os movimentos que se produzem no âmbito da sociedade como ambiente limitam-se a ser expressão de problemas singulares, de objetivos específicos e não podem ser representados como índices de dinâmica social. O "movimento" é "movimento problema"; movimento que se exaure no espaço da realização de um objetivo determinado. Não tem e não pode ter nenhuma interferência com a construção de agregações sociais estabelecidas, nem com as dinâmicas políticas que intercorrem na esfera dos partidos. O movimento torna-se mais movimento em si e per si, destinado a durar o espaço do objetivo específico, do problema singular que lhe define o início e o fim.

Expressões como movimento operário, partido da classe operária, etc. são destinados a não ter qualquer sentido no âmbito de uma representação da sociedade como um sistema complexo, já que pressupõem identidades estáveis e duradouras; aqui, por outro lado, o sistema conhece identidades apagadas e poliformes.

A estratégia da complexidade ou da mediação prismática produz ainda o progressivo "administracionismo" da esfera política, ou seja, a sua redução ao aparato funcionante segundo um específico critério de controle que permite filtrar, dentro de um âmbito determinado, a complexidade turbulenta que se manifesta no ambiente social.

Também neste caso o critério de uma política só poderia ser a sua praticidade, a sua eficácia na concorrência à estabilização e à adaptação progressiva ao sistema.

Quais serão as conseqüências desta estratégia de complexidade, massificação e institucionalização será fácil relevar: a "impotência da democracia" clássica, da democracia entendida como valor, e a sua redução, do procedimento sem conteúdo, à instrumentação estruturalmente inidônea para exprimir opções gerais.

De resto, opções gerais não parecem possíveis em uma sociedade sistêmica, já que o policentrismo que a caracteriza — a sua institucional falta de centro — impede de configurar escolhas alternativas radicais, mas apenas processos decisórios parciais para problemas particulares.

Defronte ao processo de crescimento da complexidade do sistema e da sociedade, é "improponível toda idéia de governo programado da economia" que presuma afrontar em termos gerais o governo do desenvolvimento econômico e social: o plano é por si mesmo inconcebível sem um tema social a que possa imputar uma capacidade de conhecimento dos desejos humanos e de cálculo geral das conveniências e das oportunidades.

Analogamente, "definha-se toda idéia de transformação radical", de uma nova forma de interesses e das relações humanas. A "inovação sistêmica" é um traço permanente e estrutural do sistema complexo; mas é, ao mesmo tempo, um processo adaptativo incessante, em que é impossível discriminar, com um corte nítido, o velho e o novo.

O aumento da complexidade produz uma continuidade de inovação e como tal termina por tornar impossível a inovação radical.

Sobre um plano paralelo, a complexificação assinala o definhamento da própria noção de "oposição política e social", a individuação de meios e de instrumentos com os quais seja possível organizar uma alternativa radical no interior do mesmo sistema.

A oposição social e política, como representação de um antagonismo radical, de uma alternatividade irredutível, não pode aparecer no interior de uma sociedade que, por meio da complexificação, realizou a massificação dos processos sociais e a institucionalização individualizada das necessidades e interesses.

5. A teoria sistêmica e o governo da sociedade massificada

A teoria sistêmica e a estratégia da complexidade seriam, porém, ineficazes se não encontrassem uma pontual verificação no âmbito das praxes que vêm atuando no interior das diversas experiências nacionais e de governo.

Com relação aos anos nos quais as palavras-chave (em torno das quais se vinha organizando um projeto de mudança social) eram o alargamento da base democrática, a organização da democracia de massa, de um lado, e o governo democrático da economia, do outro, hoje certamente vem-se delineando sempre mais como modelo de *leadership* fortemente personalizado que encontra um individualismo de massa sempre mais flutuante e contingente.

Não há dúvida que o "governo" deixou de aparecer como um ponto olhado como a totalidade social, para constituir-se por sua vez, como a base de um poder pessoal, a partir do qual se joga a partida nos confrontos de todos os sócios possíveis: do poder privado aos grandes potentados da economia financeira pública e privada.

Ao definhamento da organização da democracia corresponde à progressiva personalização do poder (quase uma forma de nova propriedade privada) que se coloca em frente aos outros poderes, e outros centros, com os quais concorre para estruturar um jogo em que o recurso político tem um papel similar ao que possa ter o dinheiro, o poder financeiro e o controle da inovação tecnológica: "o poder político como recurso manipulável no âmbito de um sistema policêntrico", de um sistema no qual as relações entre senhores e entre potentados que descem a campo unicamente para realizar o interesse particular.

O simbolismo do poder do Presidente da República aparece sempre mais como um sub-rogado carismático da antiga representação política, como a imagem de um chefe que se põe à frente da massa dos indivíduos, cada um disperso na multiplicidade dos papéis e das próprias funções, e delas colhe, de qualquer modo, os sistemas profundos.

Ao individualismo de massa e personalilização do poder corresponde sempre mais o esforço de construir uma "imagem no interesse nacional" como interesse que se identifica com o sucesso comercial dos produtos nacionais.

O sistema político, por meio do qual se desenvolve a ação de governo, apresenta-se sempre mais como um "sistema estelar", que gira em torno de um sol e no qual, todavia, as estrelas se movem ao longo de sua órbita: poder pessoal e potentados específicos, um conjunto de "instrumentos" e de "aparatos" em condições de governar a turbulência dos indivíduos massificados. E não é um caso em que, no interior dessa experiência, que vem estruturando o sistema político e o sistema social, se pensa em uma "democracia plebiscitária", isto é, uma forma de consenso que se fundamenta e se exprime sobre imagens e dá vida a uma investidura sem conteúdo e sem vínculo.

CAPÍTULO 2

A institucionalização da vida e a deriva do desejo

1. Crise do movimento operário e crise do projeto: o esfacelamento do trabalho e a destruição do Estado

Uma passagem necessária para o sucesso da mediação prismática, que reflete o indivíduo na pluralidade das "figuras" (impedindo-lhe praticamente toda individualização durável e deixando-o, todavia, enredado no jogo recíproco das imagens), é que venha cancelada a idéia de um sujeito como centro de imputação de experiência, de ações intencionais, e, em definitivo, de projetos.

Comentando os feitos dos pilotos de guerra, Junger observa que na ação de ataque às naves inimigas a perspectiva de salvação era "quase nula", embora existisse. Existia de fato, a possibilidade de separar, no último momento, piloto e máquina, e portanto, ficava sempre uma chance de salvação, apesar de mínima. "Isto assinala um limite preciso ao que se possa exigir: não só porque ao soldado falte a coragem de ousar o gesto supremo, mas porque, nesse caso, se trata de um gesto absurdo, que romperia a tensão interior que determina a duração do tempo e do valor das horas. Cair-se-ia no campo morto, no espaço mecânico."

Pois bem, o traço dominante no trabalho dos setores mais avançados é o domínio do "tempo mecânico", o zeramento do tempo e do espaço. A simplificação solitária do tempo de trabalho é, paradoxalmente, o ponto em que se derrama a complexificação do ciclo produtivo e do sistema de relações sociais. A pura abstração desse trabalho ritual e pontuado é a base do processo da serialização da vida e, ao mesmo tempo, a chave da leitura da sua complexificação controlada para o trâmite da extrema diferenciação funcional das ligações sociais.

Aqui nasce a "personalidade instantânea" que se projeta nas infinitas estratégias de ação oferecidas pelo sistema. Aqui, o princípio do universalismo jurídico e o liberalismo econômico encontram a sua síntese e sua efetividade no "monadismo do operário"; aqui a alienação marxista é sublimada em uma espécie de conúbio orgânico entre máquina e homem, que não parece deixar espaço a nenhuma idéia de consciência crítica.

A experiência é um resíduo de solidão que exprime apenas o incômodo de uma sociedade perdida, o sentido de um quarto vazio, atravessado apenas de lampejos de luz, que desenham figuras tortas, como fantasmas sobre paredes brancas, absolutamente brancas.

Tentemos ler por um momento uma breve síntese de "vivências operárias" que trabalham nas máquinas eletrônicas. "Sinto-me incomodado. Estou esperando, sem fazer nada, o tempo da máquina. Sou o observador da máquina. Às vezes, sou constrangido a ficar parado porque o terminal está parado. O tempo parece infinito. Irrita-me sentir o tempo imposto pela calculadora, sobretudo quando afrouxo, parece-me sair "fora da cabeça". O trabalho é em blocos, em parcelas. Se amanhã tivesse que executar um outro trabalho, a minha experiência de vinte anos não serviria para coisa alguma. Se saísse da empresa, não saberia fazer outro trabalho. Com a introdução desse sistema eletrônico teremos sempre mais pessoas que, na maior parte do tempo, fazem a mesma coisa sem saber quais sejam os objetivos dos outros. Um tempo que acumulava experiência no trabalho, resultava na capacidade profissional, agora não serve mais. Quando você estiver no fim de carreira será um pobre desgraçado; nem pense tampouco que terá desenvolvido um trabalho, mas terá visto pacotinhos descerem por um tubo de vinte anos. A máquina não o conhece; aperte o botão e basta. Você não sabe que coisa significa uma tabela; você é um número que aperta o botão; vem trabalhar sem satisfação. Tudo é mais automático e tudo é mais estranho, o programa diz o que deve ser feito; o que você faz não é patrimônio seu."

O reino do trabalho é, de fato, o reino da impersonalidade, da prestação funcional, privada de criatividade e de contribuições significativas. Até a alienação de Marx parece inadequada para reunir sob uma única etiqueta os diversos fragmentos do trabalho humano, que se apresentam sempre mais como prestações impessoais absolutamente funcionais e repetitivas.

O caráter abstrato do trabalho moderno sofreu uma modificação qualitativa.

A cadeia de montagem da fábrica fordista, com sua forte carga de objetividade e de repetitividade, consentia a socialização, no sentido da visibilidade social das conexões entre os trabalhos parciais, gestos repetidos e o processo de trabalho no seu complexo. Realizando-se uma separação entre o operário e o produto do processo de trabalho, a sua destinação social, o operário da linha estava ainda na condição de exercer a sua atividade no interior de um sistema de relações sociais, de linguagem, de comunicação frente a frente. E ainda, se a forma do trabalho tendia a reduzir-se aos gestos repetidos, o seu conteúdo incluía também uma relação com o específico humano, com a individualidade complexa do operário, seja sob o perfil do nexo temporal entre ato e máquina — no sentido que o tempo do homem interagia com o tempo da máquina — seja sob o perfil da consciência operária, que na comunicação intersubjetiva frente a frente podia exprimir, pelo menos do modo minimizado, como "tomada de distância" da máquina, como incidência sobre o tempo e sobre o espaço do processo laborativo. A pausa, a interrupção, até o erro eram um modo de "retomar tempo", transmitir "experiências". Escrevem Marcenaro e Foa (106, p. 15):

"Saber locomover-se na fábrica quer dizer saber como se desloca um caixote com carrinho de mão, onde se põe, onde se vai apanhar um trapo para enxugar as mãos, onde está a água e onde está o óleo. Um operário antigo, que trabalhava por perto, quando via que eu estava em dificuldade, deixava o seu trabalho e vinha me dizer como devia fazer e onde podia encontrar as coisas que me serviam. Para aprender essas coisas foram necessárias várias semanas".

A organização do trabalho era um tema sobre o qual ainda era possível exercer algum controle (basta pensar na discussão sobre grupos homogêneos). O trabalho incorporado na mercadoria, sendo quase totalmente privado de profissionalidade específica, era sempre expressivo de um conteúdo de individualidade do trabalho e do seu sistema de relações sociais. A individualidade do operário podia estruturar-se quanto à "visibilidade social da conexão de trabalhos parciais" e quanto ao coletivo, que realizava essa mesma conexão de maneira já conhecida.

A abstração do trabalho que se desenvolve na solidão do contato com o computador, o isolamento do trabalho físico do trabalho computadorizado e a sua dependência total do tempo mecânico mudam os traços característicos da forma do trabalho. Alguém previu que num futuro próximo o trabalho poderá ser realizado a domicílio, na dispersão das pequenas cidades do planeta, e que a reunificação dos diversos segmentos poderá acontecer em lugares diferentes. Cada um poderá ficar em sua casa, a dezenas de quilômetros, em que o trabalho individual assume a forma definida do produto-mercadoria. O processo de trabalho tornou-se aparentemente invisível e a abstração inclui também a individualidade do trabalho. O produto não é mais o da repartição X e da fábrica Z, mas a autocomposição mecânica dos diversos componentes.

Estamos além da transformação do operário em apêndice da máquina; estamos na "mecanização da consciência operária": o computador não vincula só o braço, mas invade também a cabeça do operário.

Também nisso está a obra da mediação prismática com a sua específica capacidade de unificar a multiplicidade sem conectá-la jamais a uma imagem unificada e unificante. A nova forma de trabalho realiza o paradoxo de uma socialidade-universalidade que reflete a "multiplicidade" e a restitui ao nível da complexidade sistêmica como pura diferenciação funcional das "figuras" que compõem o mosaico variegado das estratégias disponíveis, segundo o nível do desenvolvimento tecnológico. Na abstração da linha reta substitui-se a abstração do ponto que, na sua infinita indeterminação, inclui todas as determinações e por isso pode ser jogada segundo a lógica da composição das peças, como a caixa do "lego" (o novo brinquedo das crianças, que substitui o velho mecanismo: de qualquer modo que se combinem as peças, formam sempre uma figura).

A solidão do operário é a "perda do valor" do trabalho enquanto trabalho humano, e seu descartamento da corporificação vivente do indivíduo concreto. Este processo de expropriação da individualidade concreta, da relevância mental e corpórea do ato humano, estende-se além do campo do trabalho operário até abraçar as profissões que, a um tempo, apresentavam-se como símbolo do trabalho intelectual.

Basta pensar no trabalho do médico, caracterizado, daquele que uma vez se chamava o "olho clínico" e que era institutivo da relação médico-paciente, e confrontá-lo com a medicina computadorizada, que tende a transformar definitivamente a assistência do doente em fato puramente técnico; o diagnóstico e a terapia já são em parte fornecida, e o curarão rapidamente, graças aos terminais e desenvolver-se-ão com base nas programações centralizadas: pode-se formalmente tratar-se com um médico milanês, segundo um programa de diagnóstico e cura transmitido de New York. O interlocutor do doente é, enfim, quase sempre a "máquina".

Na realidade, a máquina toma o lugar social, já que tende a substituir o experimentar da "coisa" e, por isso, a elaboração coletiva da imagem do autor da experiência. Pela máquina que produz "imagens", programas de ação e estratégia de comportamentos, informações e elaborações dos nexos entre os "fatos"; modifica-se profundamente até a percepção sensorial pela qual se tornam representáveis os modos de existência das coletividades humanas.

A associação do computador e vídeo, de produção e reprodução ilimitadas de programas de ação e de imagens, torna supérflua a forma tradicional de socialização fundada sobre a visível conexão das experiências individuais e sobre a formação da experiência coletiva. Torna-se praticamente inútil a "figura" do social como "centro" de troca comunicativa de indivíduos, que reciprocamente transmitem informações e regras de comportamento, baseados nas experiências formadas individualmente e divididas coletivamente, e como "símbolo da coesão" que confere unidade às diversas formas de consciência.

A modificação da forma de socialização transforma, por sua vez, o assunto da socialização, que não aparece mais reconduzível à continuidade e contigüidade da experiência individual e coletiva.

Como a linguagem tende a tomar o código da "máquina" (computador + vídeo) e a negar o acesso a tudo aquilo que não for reconduzível ao próprio código, assim também a produção social de símbolos e significados, e isto é a produção de representações, conceitos e nomes pelos quais se processa tradicionalmente a percepção humana, individual e coletiva, da relação com a "coisa" e com o acontecimento, deixando de ter como local e centro de imputação a sociedade entendida como conjunto de relações interpessoais e de formas específicas de comunicação.

O novo social é a "máquina", já que é pela imagem sua, a sua linguagem e os seus programas que se realiza a conexão entre as esferas privadas individuais. A totalidade social não é mais representável, como diz Luhmann, porque não fala mais a linguagem da representação interpessoal, porque não se alimenta mais da troca social imediata e da relativa restauração de tradições, costumes e formas de vida.

O programa consignado na máquina pensante e no espaço visível do vídeo é, ao mesmo tempo, a nova forma de conexão social e da individualização pessoal.

Ao contrário do que pensava Benjamin na época da reproduzibilidade ilimitada das imagens, não é a igualdade de gêneros recebida pela massa até o que é único, mas a "destruição" da individualidade do "aqui e agora" que arrasta consigo também a esfera da sociabilidade e da comunidade: o social como princípio da experiência comunitária (familiar, de grupo, de classe, etc.) está desaparecido.

Também o imaginário coletivo cessa de ser o lugar de restauração e transmissão do arquétipo do específico humano, e se reduz à cifra que aparece no vídeo conforme os impulsos impressos no teclado. A nova sociedade da máquina é apenas a simultaneidade potencial da recepção plúrima, de massa, a reprodução de imagens e programas em mais lugares privados, ou melhor, em infinitos lugares privados.

Na imagem do vídeo e no código do computador, sinal e símbolo coincidem e não há mais espaço para uma dialética que exprima a tensão entre individual e coletivo.

O indivíduo que interage com a máquina exprime circularidade sem resíduos, que anula a referência à sociedade. Escreve Paul Valery (156, p. 25): "como a água, o gás ou a corrente elétrica entram, graças a um esforço quase nulo, provindo de longe, nas nossas habitações para satisfazer às nossas necessidades, assim estaremos supridos de imagens e seqüências de sons, que se manifestam a um pequeno gesto, quase um sinal, e depois nos deixam subitamente."

Mas, como todo "absoluto", o indivíduo torna-se privado de determinações que não sejam o "reflexo" informatizado da sua existência privada.

A mediação prismática é, nestes termos, uma mediação sem socialização, já que suprime todo espaço de comunicação intersubjetiva: antes, suprime tendencialmente o outro como individualidade concreta e o absorve na programação cibernética que se abre como um teclado pronto a dar a cada um a resposta que desejar: o código em traços ou em gestos substituiu o código simbólico. Emerge então um grande esfacelamento da sociedade: uma sociedade que se desorganiza e organiza continuamente segundo o impulso agregativo ilusório e ocasional, quase completamente compreendido pela complexidade do sistema, que se articula em infinitos subsistemas para corresponder melhor à fervilhante contingência dos comportamentos humanos.

A empresa, diz-se, tornou-se como uma "rede" difusa em mil segmentos esparsos sobre o território e subtraídos aparentemente de todo tipo de controle que queira definir a recomposição dele em vista de um possível objetivo social.

O Estado, por sua vez, é sempre mais incapaz de manter unido um processo que inicialmente considerava a conservação da própria vida, a sua defesa; aparece sempre mais como um ponto delimitado de um sistema feito de aparatos e de instituições nas quais venham reorganizados e satisfeitos os mil interesses e desejos que a complexidade social, por sua vez, produz em uma série infinita.

Tudo parece confundir-se em um entrelaçado fora do qual não se consegue imaginar; em um entrelaçado que assim freou até o mundo das possibilidades no cálculo das probabilidades e da estratégia de ações definidas da lógica do próprio sistema.

Esfacelamento social e densidade organizativa são os termos com os quais os estudiosos de sociologia e de política descrevem a relação entre aparatos públicos e sociedade contemporânea.

Pois bem, parece-me que este processo nasce e se desenvolve sobre um duplo terreno: o processo histórico que veio se desenvolvendo neste decênio, mas também a forma de consciência por via da qual tentou-se representar a mudança e as transformações ocorridas.

2. A dissolução do sujeito no sistema e o desvio do desejo

Esta nova universalidade do indiferenciado e do pontiforme, de fato, não é outra coisa a não ser a atuação prática do universalismo sem o conteúdo da "igualdade jurídica" sobre a qual construiu-se a moderna sociedade de massa: é o "a priori" da abstração, tornado princípio organizativo da nova constelação social.

Basta lembrar sinteticamente as passagens desta análise.

O "a priori" do sujeito universal, do sujeito da igualdade, extrema encarnação do "homo faber", é a forma por meio da qual foi possível pensar o indivíduo moderno; é a garantia de uma individualidade radical que não é determinada por veículos de propriedade ou de dependências pessoais, que quer ser uma liberdade sem raízes, antes o próprio efeito de uma extirpação do conjunto de relações, das relações sociais e políticas dentro das quais se encontrava englobada a sociedade precedente.

De outra parte, a universalidade sem conteúdo do sujeito abstrato é o equivalente funcional da propriedade livre de todo liame de escopo, de toda função social, de toda determinação pessoal. Por isso, a subjetividade abstrata, o universal sem conteúdo é, desde a origem, ligado ao projeto da separação do processo produtivo do processo vital, individual e social. A autonomia do indivíduo concebido como sujeito de necessidades e como portador, ou melhor expressando, de um ilimitado desejo de posse é praticamente garantida pela organização de um cálculo que é independente dos fins e dos desejos sociais preventivamente definidos; assim como é formalmente garantida a igualdade do direito, entendida como atitude abstrata para poder utilizar indiferentemente todos os papéis jurídicos em que vem consignada a diferenciação funcional do sistema produtivo.

A quantidade é a medida da existência; todas as diferenças são diferenças puramente quantitativas. A garantia da existência, primeiro confiada a uma relação imediata com a natureza ou a relações políticas e sociais de dependência, assume uma forma geral: a forma do mercado e da igualdade jurídica que consente fazer transitar todas as necessidades e todos os interesses em um único sistema de cálculo racional.

Quando esta lógica se torna um sistema real de organização da sociedade, quando a própria tendência à generalização e à inclusão de todos os indivíduos no sistema do cálculo econômico se realiza, a universalidade do sujeito cessa de aparecer como um "a priori" abstrato, não há mais necessidade de apresentar-se como a idéia que se põe em frente ao mundo e lhe ordena: o mundo está já construído segundo a sua ordem.

A ordem social não tem necessidade de uma legitimação externa porque incorporou o funcionamento do princípio proprietário como princípio da apropriabilidade, consumabilidade e manipulabilidade da natureza. O princípio da apropriabilidade e da produção ilimitada tornou-se assim um autônomo critério de funcionamento da sociedade complexa.

Tudo isso, porém, não teria sido possível realizar sem a nova tecnologia da "máquina pensante": é a programação cibernética que torna possível a mediação prismática e a transfiguração do múltiplo na pura diferenciação funcional. A mediação prismática é exatamente a coexistência do indiferenciado e do puntiforme, o triunfo da singularidade e a sua transformação em anônima serialidade de comportamento desarticulado.

O politeísmo dos valores, posto na base do formalismo weberiano do agir instrumental e da racionalidade calculística transformou-se na indiferença da lógica sistêmica, em direção a toda conotação material do indivíduo.

3. O sucesso do capitalismo e a visibilidade das necessidades

A mediação prismática deixa, de fato, o indivíduo privado de qualidade, submetido à contingência do ilimitado desejo de posse e do narcisismo do objeto. O desejo à deriva é a outra face do processo de mercadorização.

Como o trabalho é segmentado e tornou-se sempre mais abstrato, assim o desejo se personalizou e tornou-se a "massa" dos desejos. Paradoxalmente, ao máximo de socialização externa do trabalho e do desejo corresponde a máxima precariedade do princípio de individualização: como diz Riesman, a personalidade moderna é uma "personalidade transitória".

O sistema que corresponde a este desejo deve perseguir a contingência evocada e, para controlá-la no seu excesso, deve institucionalizar ou, como se diz, colonizar todos os âmbitos da vida. A dissolução do sujeito libera o indivíduo do domínio do "a priori", da forma da universalidade jurídica, mas o abandona à precariedade da flutuação da contingência dos desejos compatíveis com a estabilidade do sistema.

Aqui se manifestam a estrutura contraditória e a vocação niilista da subjetividade humana. Ela toma o movimento da antropologia individualista, da propriedade privada e da livre iniciativa econômica. Desenvolve-se a partir de um individualismo radical, mas tem necessidade de um vazio universal, privado de conteúdo porque só assim é capaz de manter unida a multiplicidade desigual dos indivíduos.

O *a priori* do sujeito é assim definido e já privado de fundamento. É apenas o horizonte de uma ordem geral e abstrata, dentro da qual se pode construir praticamente a autonomia do econômico e a lógica de um sistema fundado sobre a ilimitada capacidade de produzir mercadorias. É exatamente este universal sem conteúdo que, incorporado ao sistema, torna-o onívoro, não deixa aparentemente resíduos e corta todo espaço à contradição e à própria dialética entre forma e vida. Neste contexto, o verdadeiro vínculo do sistema, a regra áurea que rege toda a compatibilidade, é o critério da produtividade econômica e do desenvolvimento tecnológico contínuo. É o triunfo do cálculo utilitarista, já que necessidade e prazer tornaram-se assim objetos de cálculo.

A abstração do sujeito dissolveu-se porque se realizou. O capitalismo, a organização capitalista da produção, a autonomia do cálculo econômico obtiveram praticamente sucesso. O cálculo e a mercadorização produzem, de fato, uma nova forma de visibilidade e representabilidade das necessidades humanas, que parecem exaurir a dissipação individualista e os tipos de mediação tradicionais.

Antes de tudo, porque não se verificou inteiramente a contradição entre o valor de câmbio e o valor de uso que Marx havia hipotetizado. O capitalismo mostrou-se capaz de produzir uma tal quantidade de valores de troca, de tornar possível a realização de todos os valores de uso, de conseguir veicular, através do valor de troca, todas as necessidades humanas. A organização técnica, ou seja, a aplicação da técnica à produção econômica, permite pensar em uma produção tendencialmente ilimitada das mercadorias: melhor, a técnica assume diretamente a tarefa de produzir a vida através da energia nuclear e da biotecnologia.

Em segundo lugar, porque a lógica do mercado — a lógica da mercadoria — permite tornar visíveis todas as necessidades de uma forma geral. Alguém disse que a mercadoria é a metáfora mais poderosa da sobrevivência, já que representa a própria idéia de alimento.

A verdade é que, através da mercadoria, todas as necessidades humanas podem atingir uma específica visibilidade. Talvez nos iludamos em não mercadorizar um setor, de subtraí-lo da lógica do cálculo econômico. Dizemos, por exemplo, que a assistência aos anciãos é uma grande conquista social. Mas qual visibilidade do problema dos anciãos se realiza no sistema presente? Esses tornam-se um capítulo do orçamento do Estado, uma verba para pagar estipêndios e retribuições, para criar um aparato. A solução do problema, de todo problema, está em inseri-lo na contabilidade nacional, e assim subordiná-lo à lógica geral da contabilidade segundo a qual não é possível distribuir fora do mercado, a não ser nas condições de incrementar a produção, senão em condições, isto é, respeitar até o fundo a autonomia do cálculo econômico. Também o problema da condição feminina pode tornar-se visível desta maneira, tornando calculável todo o trabalho que as mulheres realizam fora do processo produtivo e subministrando-lhe um salário, ou seja, como que, uma retribuição. Este é, de resto, o sentido da proposta do salário aos domésticos.

Um grande fato, um fato inaudito, realizou-se na modernidade: a possibilidade de reunir a visibilidade das necessidades, graças à mercadorização, sem passar pela socialização direta do processo produtivo.

4. A otimização da vida: institucionalização e narcisismo

A cultura do bem-estar econômico é o pressuposto deste projeto, no início do qual se coloca uma visão do homem como sujeito econômico, como portador de desejos ilimitados. Esta cultura do bem-estar, que é filha legítima do cálculo utilitarista e da autonomia do econômico, encontra hoje expressão completa no paradigma da complexidade e na teoria sistêmica.

A identidade do sistema é (como diz Luhmann) o seu sentido, a sua capacidade de dar sentido a um trabalho e a uma vida que não consegue tê-lo.

O máximo de liberdade coincide com a extrema visibilidade das necessidades na forma de mercadoria, que escolhe o "cada um" do problema de todo finalismo, da pesquisa de toda meta e sentido individual. A sociedade é assim, como se diz, uma sociedade pluralista em que cada um pode pensar o que quiser e perseguir os objetivos em que acreditar, já que tudo isto tornou-se possível diante do fato de que o valor da troca cobre todas as áreas das diferenças, que se tornam exatamente "destituídas de sentido".

Uma enorme neutralização da diferença qualitativa é, de fato, implícita na redução da visibilidade das necessidades à forma de mercadorias.

Isto não significa certamente que não haja ricos e pobres, mas significa apenas que a diferença deles se coloca em um plano puramente quantitativo e portanto contingente. Na realidade, o princípio da igualdade formal é não apenas compatível com a idéia de uma diferença puramente quantitativa, mas diria que é o pressuposto para a sua prática realização. A igualdade formal elimina a diferença qualitativa e torna possível apreciar apenas a diferença quantitativa. Porém, uma diversificação quantitativa é, por si mesma, destituída de sentido, já que pertence à pura zona do fato.

Paradoxalmente, a igualdade formal, como todo universal sem conteúdo, apresentando-se também como abstração, em última instância, termina por negar e tornar impraticável a mesma abstração, já que elimina a qualidade como critério de distinção e adia a diferenciação quantitativa que se manifesta só no conceito, no fatual. A função da abstração da igualdade, mesmo porque se resolve na indiferença para com a qualidade, não consente distinção, nem identificação do indivíduo que não seja puramente contingente e quantitativa. Nesses termos, pode-se afirmar que a universalidade sem conteúdo tende a resolver-se, ou antes, se resolve na organização concreta e na prática do sistema atual. É aqui, quanto ao resto, que a idéia de bem-estar encontra o seu mais verossímil terreno de identificação.

Não é um caso de que até a otimização da vida se mede sobre a medida da esperança tecnológica e da realidade calculista. Como escreve Natoli (129, p. 267), a técnica tem hoje um lugar de primeiro plano na remoção da dor. É indubitável que a ciência e a técnica têm na sociedade contemporânea o poder de fazer variar o limite da dor e, por isso, de decidir sobre os níveis de perfeição do sofrimento. A técnica como horizonte da compreensão do mundo dissolve a pretensão de todo absoluto, visto que a exatidão de compreender não pode ser diferente da capacidade de dominar tecnicamente: a experiência contemporânea da dor desenvolve-se dentro dessa cena, nem poderia ser de outra forma. "Controlar o limite da dor quer dizer decidir em torno da modalidade de fazê-lo estar na presença, de fazê-lo, mais ou menos, aparecer." A neurofisiologia da dor é uma das modalidades com que se decide fazer aparecer a dor. O trato comum que caracteriza a experiência contemporânea da dor é ligada à persuasão de que o homem possa tecnicamente dominá-la e que, de qualquer modo, a técnica seja a forma objetiva e até natural de dominá-la. Na sociedade contemporânea existe indubitavelmente um mal-estar difuso, mas este vem canalizado. A organização da vida consegue comprometer ou desviar, o quanto basta, para diluir a ânsia e para evitar essa concentração excessiva que se degenera em patologia. Também a cena do sofrimento parece desenvolver-se, seja como for, dentro do horizonte da técnica e da racionalidade calculista e, para isto, parece enfim definitivamente confiada também a tarefa da otimização da vida.

A visão antropológica do homem como sujeito das necessidades e portador de um ilimitado desejo terminou por precludir todo um outro tipo de identificação evolutiva. De um lado, a progressiva institucionalização de todos os âmbitos de vida, necessidades, desejos que são incluídos na infinita estratégia de ação que o sistema coloca à disposição de cada um, exaure o campo do possível: como foi dito, o homem é enfim habilitado pelas instituições; do outro, tornando todas as necessidades e os desejos privados de valor normativo, intraduzível em valores, relegou-os à esfera do contingente, tornou-os paradoxalmente privados de limite e de forma. A liberdade se identifica com o desejo ilimitado. É nesses termos que me parece poder dizer que a época moderna, após haver liquidado a razão metafísica, transformou-a em realidade calculista: o cálculo probabilístico suspendeu realmente a esfera do possível, do desejável, do "valer por". O desejo é, de fato, calculável sempre segundo os critérios utilitarísticos-quantitativos.

As duas identificações possíveis para o indivíduo são, enfim, apenas a "instituição" em que vive como necessidade organizada e a esfera contingente do narcisismo do ilimitado desejo. Paradoxalmente, as duas esferas terminam com a coincidência, porque a instituição é a projeção codificada da necessidade ilimitada e, vice-versa, o mundo dos desejos é inteiramente estruturado pelos códigos institucionais.

Entre "Narciso" e "Instituição", o indivíduo não tem salvação, não consegue perceber a própria identidade diferencial, nem dar-lhe uma voz e uma forma definida: o indivíduo está destinado a permanecer indeterminado. Vê, realmente, destruídas as próprias bases de identificação:

a — o tempo — não há futuro, porque tudo é repetição;

b — o corpo — não é potência vital, unidade vivente, mas objeto segmentado, organismo físico-químico e nível de pulsação psíquica;

c — a experiência — porque, onde o agir é repetitivo, não há lugar para a experiência, não há lugar para o possível;

d — o espaço — porque este só tem sentido em relação ao tempo, ao corpo e à experiência.

SEGUNDA PARTE:

O INSUCESSO DAS ESTRATÉGIAS REFORMISTAS

CAPITULO 3

Reformismo e inovação sistêmica

I — A parábola do reformismo: os perfis do reformismo clássico

A mediação prismática e a estratégia sistêmica esvaziam de conteúdo toda idéia de derrubada radical da ordem existente, já que neutralizam os pressupostos implícitos: o descarte entre ser e dever ser, o dualismo entre sujeito e mundo, e a temporalização do tornar-se como sucessão (também) descontínua de eventos.

Não só a revolução é impensável, mas também a reforma, como variante gradualista, parece altamente improvável. A mudança e a inovação são monopolizadas pelo sistema que realiza autonomamente a redefinição de seus âmbitos internos e de seus confins externos no circuito perfeito da sua auto-reflexibilidade adaptativa. É como se o prisma girasse continuamente em torno de um eixo invisível, realizando assim o movimento das imagens na perfeita imobilidade do todo.

Paradoxalmente, o contínuo reequilíbrio da relação circular entre estabilidade e movimento é o cumprimento do projeto do reformismo clássico, que caracterizou na Europa o grande momento da social-democracia, mas empenhada no terreno, da assim considerada, justiça social.

Algum traço de análise social é suficiente para verificar este juízo.

O reformismo clássico deu impulso essencialmente sobre alguma idéia simples e sobre uma série de "regras do jogo" suficientemente flexíveis. As idéias simples são as de realizar a eqüidade na distribuição dos recursos, seja pela mercadorização dos mecanismos de satisfação de algumas necessidades essenciais (a política dos serviços), seja pela intervenção com vistas a promover a plena ocupação da força de trabalho. Sobre esta idéia, realizou-se o "consenso social-democrata", isto é, o consenso reformista que não é apenas o consenso dos partidos operários, mas da inteira sociedade (tanto é que esta política vem, de fato, praticada de modo igual pelos partidos conservadores).

Também as regras do jogo podem reassumir segundo um esquema muito simples. Antes de tudo existe uma divisão de campo entre empresa e Estado: a empresa é autonôma na organização do processo produtivo: o

Estado tem a possibilidade de intervir nos processos redistributivos, mas não sobre a forma da empresa e da produção.

Em segundo lugar, o partido operário não põe em discussão, antes aceita, o princípio do caráter privado da produção e, em particular, o caráter autônomo do cálculo econômico; em troca obtém a legitimação de governar os recursos públicos, quando vencer as eleições. As formas do "jogo jogável" são, em todo caso: a greve e a competição eleitoral; nisto retoma o conflito compatível com o pacto social. A greve é a luta redistributiva colocada no terreno da relação direta entre capital e trabalho; a competição eleitoral é a forma pela qual se chega ao governo da despesa estatal para efetuar a intervenção redistributiva.

Então, exatamente este reformismo clássico que se propõe a uma diversa eqüidade na distribuição da riqueza, uma política de plena ocupação, a difusão do bem-estar e um controle sobre a estratégia produtiva, parece hoje exaurido e, em grande parte, realizado.

Sob seu impulso verificaram-se as transformações inauditas que estão na base da estratégia da mediação prismática.

A reestruturação econômica incrementou, de modo inimaginável, a "complexidade social", determinando, de um lado, uma crescente "fragmentação social" e o advento da tradicional centralização operária; de outro, uma "densidade organizativa" que se manifesta na progressiva institucionalização dos interesses e necessidades e na extensão das várias burocracias estatais e paraestatais.

O advento dos atrás referidos tornou os partidos sempre mais semelhantes nos comportamentos e nos programas. A articulação do sistema em um número indefinido de subsistemas (político, social, econômico, educativo, assistencial, etc.) torna impossível hipotetizar uma reforma que não seja de pura racionalização dos circuitos internos e de leve adaptação das tensões intersindicais, e impele todos a convergir para o centro, entendido como a zona de flutuação não-antagonista.

O partido operário transforma-se em partido "pega tudo", partido interclassista e tendencialmente homologável aos outros, com escassa caracterização ideológica e programática.

Sob um outro aspecto, o impulso dos interesses e o pedido de intervenção do Estado determinam — como se viu — uma densidade organizativa, uma extensa institucionalização das necessidades e dos problemas da vida, dando origem a estatutos sempre mais diferenciados e parcelados.

Todo desejo que se apresenta vem organizado por meio de um aparato, que cuida dele. Ninguém é mais abandonado a si mesmo, ainda que isto signifique de qualquer modo ser inscrito em uma rede que define interesses e formas de sua satisfação.

Sob esse perfil, o reformismo social-democrático foi o grande veículo da massificação da cultura do bem-estar e da introspeção do princípio da cambialidade e da lógica compensativa. Os conceitos de revolução e de reforma, além de discutíveis teoricamente, parecem ter-se tornado praticamente irrealizáveis. Onde o sucesso chega por meio da competição, há sempre uma instituição que se ocupa de você.

2. O reformismo adaptativo ou a debilidade do reformismo atual: o reducionismo sociológico

O reformismo adapta-se à doce debilidade do sujeito; tende a tornar-se "minimizante", de um lado, no sentido de manter aberta uma instância de movimento, por exemplo, os referendos (não sendo possível mais uma reforma global, apóia-se na mesma flexibilidade do sistema capaz de seguir os problemas que, de vez em quando, parecem emergentes), de outro, como exigência de conservar e defender o melhor do que existe, do que se chama o Estado social: conservá-lo e torná-lo mais eficiente. Trata-se essencialmente de uma reforma da burocracia e da Administração Pública, dos aparatos que não funcionam: uma redução do peso da burocracia e a criação de uma estrutura para isso, de autoridade para a região sul, para os problemas das áreas metropolitanas, etc.

O reformar assume dois significados puramente residuais:

a — conservar e melhorar o que já existe, especialmente por maior eficiência da administração, mais rápida capacidade de decisão do governo, mais agilidade dos processos excessivamente confusos e dilatórios;

b — intervir em cada um dos problemas emergentes sob impulso de movimentos e grupos de pressão, com respostas parciais, no âmbito de uma estratégia flexível e aberta também a alianças "transversais", como aconteceu nos referendos.

A estratégia das reformas resolve-se assim em melhoramentos e racionalizações parciais para acrescer a capacidade de apresentação do sistema sobre cada uma das específicas questões. A lógica é a do "retoque", já que, como parece dizer-nos a aplicação da lei da intimidade ao sistema social, se se produz nova ordem em um setor, cria-se inevitavelmente desordem em outro: uma nova ordem paga-se com uma nova desordem.

Disse alguém que em uma sociedade complexa somos, na realidade, todos inimigos da grande reforma, porque aquilo que pedimos como trabalhadores contrasta com aquilo que pedimos como usuários de um serviço público e assim por diante.

A declinabilidade do indivíduo em formas e figuras diversas, o seu refranger-se nas múltiplas imagens do "prisma" (ou, como diz Bodei, vestir tantos vestidos e tantas versões de si mesmo sem perder a cara), tornam impossível toda identificação de interesses fortes e unificantes, que são o pressuposto de opções nítidas e de hierarquia de princípios.

A praxe sistêmica funciona segundo os princípios da hierarquia cíclica (para quem A governa B, B governa C, mas pode acontecer que C governe A), tornando impossível toda "mensuração universal do conflito", toda decisão de "introduzir" uma nova medida. As decisões podem ser só parciais e limitadas porque estão continuamente em discussão.

A análise social parece levar a uma conclusão inevitável: a política só pode ser administração e adaptação funcional dos interesses conflituais no âmbito das compatibilidades definidas do sistema. O grande reformismo torna-se "reformismo débil".

A respeito desse objetivo minimizante, as alternativas que são apresentadas, mormente nas discussões sobre a reforma do sistema político em vários países europeus (Itália, França, etc.), são essencialmente duas: uma reforma eleitoral em sentido tendencialmente majoritário, isto é, a idéia de restituir o espaço e o papel aos partidos, impelindo-os a recompor-se, de modo a definir dois alinhamentos contrapostos: ou a escolha de inclinar-se para uma democracia plebiscitária, acentuar o papel da liderança personalizada chamando os cidadãos a exprimir, pelo *referendum*, o sim ou o não sobre a solução dos problemas singulares e determinando agregações não duráveis e transversais, a respeito dos atuais partidos.

A premissa implícita em ambos os casos é a de que a análise do presente define o âmbito do possível humano segundo um esquema de objetivação sem resíduos: é possível um processo inovativo apenas na forma de adaptação à compatibilidade definida. No interior desta lógica o máximo obtenível é o aumento da capacidade de prestação do sistema ou por meio de partidos revigorados na sua capacidade decisória e seletiva, ou por executivos mais autônomos e mais capazes de intercomunicação com a inteira sociedade nacional. O sistema não pode perder a sua identidade, e a sua identidade é dada pela compatibilidade: mudam os autores mas não muda a força da mediação prismática. Não existe antagonismo, nem luta pelo acesso e pela troca das classes dirigentes, mas apenas problemas de gestão e capacidade de prestações adequadas para todo evento isolado.

Todo problema surgido do ambiente é resolvido pelo sistema graças a uma resposta que "reduza" o problema, codificando-o na linguagem do sistema, portanto na sua compatibilidade. Um exemplo típico desta lógica é a tematização da turbulência como problema da governabilidade. A governabilidade é, de fato, uma resposta do sistema à pluralização dos pedidos que possam tornar acidentado o processo decisório. Com referência a este problema, o sistema procura uma resposta de simplificação, de redução da complexidade e intervém nos circuitos decisórios; por exemplo, favorecendo a formação de uma liderança capaz de acolher e selecionar os problemas.

A objetivação sistêmica torna-se assim um dado insuperável, como a água do mar, na qual só se pode nadar.

Também a mudança possível é um mero dado interno; pode-se reformar as regras do jogo, mas não o tipo de jogo, a sua estrutura imanente à identidade do sistema.

Na realidade, atomização e complexidade, fragmentação e densidade organizativa são o resultado da mediação prismática que produz, ao mesmo tempo, a nova forma da conexão social e da individualização personalizada, criando por isso a hipertrofia do narcisismo originário (o individualismo metropolitano de que fala Simmel) e a dilatação da organização e da jurisdização das necessidades e dos mundos vitais.

A mediação prismática destrói (como veremos) o núcleo das estratégias de reformas fundadas sobre a idéia de comunidade e sobre as relações entre indivíduo e sociedade: a política da extensão da cidadania e a pesquisa discursiva da verdade baseada sobre a "comunidade ideal de comunicação". Solidariedade e vocação universal da linguagem são impotentes ante a eficácia da mediação prismática e a lógica sistêmica.

CAPÍTULO 4

A improvável estratégia da cidadania

1 — Cidadania e Estado social

Uma verificação drástica dos limites do reformismo definido pela compatibilidade sistêmica é oferecida pela mudança da cidadania.

O tema da cidadania vem proposto com força em toda a área da esquerda, do mundo católico, das forças que, de qualquer maneira, tentam individualizar uma discriminação própria, com referência à linha do puro lance do mercado, do individualismo, do consumismo.

A cidadania parece, sob esse perfil, uma espécie de fronteira, uma linha de limites em torno da qual seja possível ainda lançar um apelo para reconstituir uma estratégia, uma idéia que indique uma direção de marcha para processos de emancipação e liberação dos setores mais pobres e mais oprimidos.

A figura da cidadania parece a única capaz de fornecer ainda uma imagem unificante, se superar a fragmentação corporativa dos interesses e de "representar" a unidade do indivíduo na diversidade de suas dimensões. Além da multiplicação dos estatutos diferenciados, a cidadania pode exprimir a plenitude da participação à vida coletiva e aos recursos econômicos.

A cidadania torna-se o terreno sobre o qual parece possível não apenas atestar uma linha defensiva, mas também construir uma formalização de expectativa, de pretensão que garanta a irreversibilidade de conquistas obtidas no curso dos últimos decênios, pelas lutas ásperas, encontros e até momentos trágicos.

A cidadania parece a última praia, a alternativa à mesma crise do Estado social, a falência da experiência da planificação burocrática nos países do Leste, a tudo isso que constituiu por tanto tempo a mitologia da transformação socialista na sociedade contemporânea.

Por isso, a cidadania se dilata, torna-se um ponto de referência de necessidades e exigências novas; nela se mesclam, de um lado, as antigas aspirações a uma democracia completa, feita de participação consciente e de decisões; e, do outro, a relevância dos que são chamados os "novos bens" expressos pelos "novos movimentos": o uso do território, a tutela do ambiente, a saúde, até a paz.

A cidadania torna-se quase uma palavra mágica que resume as várias determinações que a "justiça" vem assumindo em cada movimento, e, ao mesmo tempo, a síntese de todas as expectativas de racionalização, de modernização e também de mudança.

2. A concessão universalista da cidadania social

Com referência a esta multiplicidade de significados que a cidadania vem assumindo e que a tornam uma palavra rica de sugestões, mas também de sempre mais difícil decisão, convém tomar o movimento do modo em que um dos primeiros autores que a lançou sobre a cena do debate político e teórico procurou definir-lhe o âmbito e a colocação; refiro-me à teoria da cidadania formulada por Marshall e sobre a qual Franco de Felice no ensaio sobre Welfare State insiste bastante.

Segundo Marshall, a cidadania se compõe de três momentos: a "cidadania política", que corresponde ao reconhecimento do direito de eleger representantes nos órgãos do Estado, nas assembléias legislativas; a "cidadania civil", que coincide, mais ou menos, com a capacidade de agir, isto é, com a capacidade de estipular contratos e de vincular-se, mediante consenso próprio, a empenhos e prestações nos confrontos com outros sujeitos, e, enfim, a "cidadania social", que designa o conjunto de expectativas que cada cidadão exprime perante o Estado, para obter a garantia de segurança de vida e de trabalho, que são, de vez em quando, necessárias para dar conteúdo de dignidade e de liberdade à existência individual. Segundo a tese de Marshall, depois da grande batalha para a cidadania civil, a história dos últimos decênios é assinalada pela batalha do "inserimento dos direitos sociais" na área da cidadania, desses direitos que dão substancialmente a garantia de que uma quota de recursos necessários à vida seja, de qualquer maneira, assegurada a cada um, a prescindir de sua colocação política e civil, pelo simples fato de ser um cidadão do Estado.

Quanto à determinação desses direitos sociais (que constituem certamente um dos pontos cruciais da doutrina), pode-se dizer, de modo sintético, que esses designam todas aquelas condições necessárias para tutelar a segurança e possam se resumir na garantia de uma "quota mínima" de renda.

O discurso torna-se porém mais complicado, não apenas se passar a definir o âmbito e a colocação dos direitos sociais. Na apreciação de

Marshall, os direitos sociais deveriam tendencialmente caracterizar-se pelo mesmo universalismo que conota os direitos de cidadania política e civil, no sentido de que o ponto de atração dos direitos sociais deveria ser, como para os direitos políticos e para os direitos civis, a pura e simples qualificação de cidadãos do Estado.

Mas, sobre este terreno, manifesta-se uma primeira contradição e se encontram as primeiras objeções à teoria da cidadania social. Uma cidadania social com os caracteres de universalidade choca-se contra duas dificuldades aparentemente insuperáveis.

Por um lado, a extensão a todos os cidadãos das garantias, que deveriam caracterizar os direitos sociais, propõe aquela situação de indiferenciação que termina por deixar, portanto, inalteradas as desigualdades e a falta de homogeneidade que se quer corrigir.

A existência do mercado, que não vem totalmente colocado em discussão, e as diferenciações que dele são inevitavelmente falaciosas, assim como aquilo que se liga ao inteiro processo produtivo e distributivo, terminam por desnaturar a respiração universalista da cidadania social e, fazem, até da cidadania social, uma resposta não correta em uma situação econômica socialmente desequilibrada (veja-se ainda De Felice). Esta objeção propõe a inadequação de uma fórmula universalista que não leva em conta as diferenças, que não respeita e não lhe designa as diversas formas de relevância; a essa junta-se uma outra, e precisamente a objeção que o universalismo da cidadania termina por neutralizar em um dos aspectos vitais da sociedade contemporânea, ou seja, o conflito e o antagonismo social, e arrisca-se assim a destruir uma das polaridades que constituíram o motor dos processos de mudança desses decênios: o universalismo, realmente, é também impossibilidade de definir critérios e determinações de classe ou de categoria.

Na realidade, a concessão universalista da cidadania tende a definir um terreno de consenso mais amplo, além dos limites de classes, sobre o Estado social, sem considerar que, de fato, as classes privilegiadas não têm qualquer interesse na gestão pública dos serviços essenciais e que em todo caso, de tal modo termina por atribuir prestações gratuitas também a quem já possui relevantes quotas da riqueza nacional.

Por outro lado, se se quisesse dar à cidadania social um conteúdo mais amplo do que o de alguns serviços sociais (escola, saúde, etc.), até incluir o trabalho, a casa, e mesmo as férias e a gestão do tempo livre, a sua extensão progressiva abafaria a autonomia do mercado e a própria autonomia da esfera econômica (do cálculo econômico), já que uma distribuição dos recursos e das riquezas, orientada segundo o critério da cidadania social universalmente reconhecida, comportaria forte intervenção estatal do tipo planificatório e terminaria fatalmente por invadir todos os âmbitos da vida.

Como se faz para garantir a cada um a casa, uma renda, forma de assistência e de segurança sem intervir na divisão do trabalho, no sistema educativo, na alocação dos recursos? Uma cidadania universal arrisca-se de precipitar na planificação burocrática ou deixa uma afirmação caprichosa destinada a desempenhar um papel meramente ideológico de integração e de neutralização do conflito e do antagonismo, em vez de um eficaz instrumento de atuação de critérios de justiça no uso dos recursos.

Explica-se assim por que na experiência histórica, não obstante a afirmação do princípio, como, por outro lado, o próprio Marshall é depois constrangido a reconhecer, uma batalha para a cidadania social não pode ser confiada à política econômica indiferenciada nem a uma generalização de expectativa sem confins e sem conteúdo. É necessário introduzir critérios de seletividade.

3. A concessão seletiva e diferenciada da cidadania social

A segunda versão da cidadania social, a mais ligada à história do movimento operário na experiência européia das grandes sociais-democracias, é realmente inspirada no critério da seletividade das intervenções voltadas a compensar a desigualdade e a pobreza determinadas pelo livre jogo do mercado e do caráter privado da iniciativa econômica produtiva.

Seletividade e correção do mercado são os conteúdos que caracterizam os direitos sociais que vêm sendo historicamente realizados na experiência das grandes sociais-democracias: direitos à indenidade para a desocupação, direitos à assistência médica, direitos à fruição dos serviços públicos essenciais, garantia de permanência das relações de trabalho, estabilidade e certeza de ocupação; em suma, o conjunto do que foi considerado na vigência do Estado social a "conquista do movimento operário".

Os direitos sociais tornam-se, nesta perspectiva, as garantias que vêm sendo ofertadas às organizações dos trabalhadores no plano da continuidade da relação de trabalho, da política ocupacional, da assistência previdenciária e da aposentadoria, e da criação de estruturas de serviços que correspondam a "salários indiretos": forte seletividade e diferenciação, portanto, ao posto do universalismo inicial, mas também um recuo a uma linha política — e a uma política do direito — destinada a suscitar outras e sérias perplexidades.

Alguém falou de um "retorno ao status", num mundo que é e permanece fortemente impessoal e desigual. Como foi sublinhado, a posição do trabalhador no "Welfare State" acaba por ser muito igual à do servo na Idade Média: possui e usufrui de uma série de direitos com base na participação em um grupo, e a organização do grupo é, de qualquer modo, o instrumento para a agilização desses direitos e para a garantia da conservação deles. Leroi-Gourhan, comentando a extensão da previdência social e os efeitos da "domesticação" e da integração de certo protecionismo stalinista, escreve que acontece como para o lobo e o cão, para os quais o sinal da coleira é o preço da libertação nos confrontos com o ambiente natural.

Trata-se assim de um dos aspectos paradoxais da cidadania social, que melhor colocaremos à luz mais adiante; isto é, que se tal se estende até abraçar a inteira população do Estado, acaba com a perda do significado e de conteúdo e com o ser, como já foi observado para a igualdade formal, uma cobertura pela qual se reproduzem as desigualdades e as diferenças sociais, por demais condenadas a uma eterna contingência e incapazes de exprimir um antagonismo e uma alternativa.

Ou então, a cidadania recua para a seletividade e a diferenciação e termina por ser um instrumento de estabilização de privilégios a favor de grupos e comunidades particularmente fortes no terreno organizativo político-sindical e, portanto, capaz de exprimir um poder de contratação nos confrontos com o Estado e com as empresas. Pode-se assim determinar (cito ainda De Felice) um estranho "desequilíbrio" que coloca, de uma parte, setores do movimento operário, garantidos de modo particularmente intenso, junto com setores produtivos maduros ou tradicionais e com amplos extratos burocráticos e profissionais que estão radicados nos aparatos da política social; e, de outra parte, um escalonamento no qual se inserem os setores menos tutelados, fortemente críticos das reformas da organização capitalista, os marginalizados, os subempregados e, ao mesmo tempo, os setores mais dinâmicos do capitalismo, que lutam contra os privilégios dos extratos operários garantidos: um entrelaçamento estranho "entre um liberalismo autoritário e um antiestatalismo democrático".

4. A contradição da categoria da cidadania social

Trata-se de uma contradição destinada a tornar-se ainda mais grave e explosiva, se se considerar que o problema da cidadania social é fortemente ligado à dimensão estatal territorial, e que o destinatário dos direitos sociais de cidadania é essencialmente o Estado-nação. Esta colocação contrasta francamente, na fase atual, com a progressiva mundialização da economia, que torna sempre mais excêntrico o papel do Estado, a respeito dos processos de internacionalização econômica e que, de outra parte, coloca em evidência, de modo sempre mais dramático, os equilíbrios que se vêm a determinar, entre os países industrializados (nos quais a cidadania se pode expandir) e os países do Terceiro Mundo, os países atrasados, nos quais ainda está aberta a questão da cidadania política e da cidadania civil.

É uma contradição dramática se se levar em conta que, segundo a previsão dos entendidos (e me faz lembrar o último livro de Morpugo), se se devesse estender ao resto do mundo o nível de vida observado nos países de alta industrialização, seria inevitável uma catástrofe, seja sob o aspecto da poluição, do limite dos recursos, ou o aspecto demográfico. Os dados relativos à poluição, ao aumento da população e ao esgotamento dos recursos naturais, concordam em fazer prever que, se o homem continuar a viver segundo os modelos de desenvolvimento atuais e os estender ao resto do mundo, terá um êxito catastrófico. Morpugo sublinha que em todos os casos:

"O mecanismo biológico de retro-inibição, que levará a população humana a um número aceitável e que consistirá provavelmente na morte pela fome, moléstias ou guerra, de boa parte do gênero humano, entrará em função quando as mudanças impostas à atividade do homem no planeta serão tais que exigirão dezenas de milhares de anos para serem reparadas. O que restar ao gênero humano deverá suportar, por inumeráveis gerações, o desastre causado pelas poucas gerações que o houverem precedido".

A isso se adicionam as alarmantes considerações que o mesmo autor faz sobre o relaxamento que a extensão indiscriminada de genéricas políticas assistenciais, não acompanhadas de políticas trabalhistas e de um sério controle dos recursos, produz sobre a identidade ética e cultural com efeitos de grave degeneração sobre o terreno genético e sobre o próprio desenvolvimento da personalidade humana.

Todavia, prescindindo ainda dessas considerações que são, em muitos aspectos, discutíveis, mas que servem, não obstante, para indicar as múltiplas dimensões de um problema que não pode ser enfrentado e circunscrito no âmbito de um só país, uma dúvida ainda mais séria resta para poder avançar sobre a validade da categoria da cidadania social como instrumento adequado para implantar uma política de reforma capaz de devolver a identidade ao escalonamento progressista e de esquerda.

O ponto sobre o qual não se refletiu o suficiente, e que é necessário vir à luz para evitar as mistificações que se vão fazendo sobre o tema da defesa dos direitos, refere-se à própria estrutura dos direitos sociais e o grande equívoco ínsito na idéia de que se possa formular hipótese sobre um desenvolvimento linear de extensão da cidadania: da cidadania política e civil à cidadania social.

Na realidade, cidadania política e cidadania civil não são completamente homogêneas à cidadania social; têm-se diversos pressupostos, operam segundo diversas lógicas, implicam diversas formas organizativas, diversos critérios de socialização da vida individual.

A cidadania política e a cidadania civil nascem — como procuramos demonstrar alhures — na época moderna com o grande processo de autonomização da esfera econômica e da esfera social e política. Esta forma de constituição é filha da idéia da liberdade como independência do indivíduo, dos vínculos político-sociais que tinham caracterizado, por longo tempo, o sistema econômico feudal; deriva da idéia de liberdade como "possibilidade abstrata" de concorrer sem limites ao jogo político e ao jogo do mercado. As regras jurídicas que sancionam a cidadania política e a cidadania civil são, como se revelou várias vezes, regras instrumentais que atribuem recursos, mas definem modalidades de ações, modelos de comportamento, colocados à disposição a fim de que cada um os possa usar para realizar os próprios fins privados.

Na idéia da liberdade política e da liberdade civil não está implicada qualquer idéia de justiça. Com extrema lucidez e rigor, Hans Kelsen demonstrou que o direito é só um meio, absolutamente desvinculado dos fins de justiça, com a tarefa de garantir a coexistência e a unificação formal de uma sociedade atomizada, em que, cada um, por própria conta, é livre para perseguir o próprio interesse privado. Os direitos políticos e os direitos civis são, de fato, direitos incondicionais; conquistam-se pelo fato de nascerem no âmbito do Estado nacional e são, como tais, abstratamente referíveis a todos. A força amaciante deles, com respeito à organização social precedente, está exatamente no fato de que, realizando a igualdade formal de todos perante a lei, tornam possível a separação da esfera econômica da esfera política e social e criam as condições fundamentais da que foi chamada a liberdade dos modernos, que é essencialmente a liberdade da propriedade e da livre iniciativa de mercado que estão na base da liberdade de voto. Os direitos civis e os direitos políticos não são pensáveis na forma em que historicamente vêm sendo definidos sem a autonomia da esfera econômica, sem a distinção entre público e privado, sem o papel decisivo do mercado e sem o princípio geral de que a visibilidade de todas as necessidades se passe através da forma de mercadoria.

A lógica dos direitos pessoais é, ao revés, uma lógica oposta. É uma lógica na qual política e economia se conjugam em uma relação de interdependência, privado e público perdem a nitidez dos confins tradicionais, o fim da justiça torna-se decisivo para a definição do instrumento e do procedimento. É uma lógica que, em qualquer medida, deveria reproduzir o tema do caráter comunitário dos recursos que constituem a riqueza nacional; essa tende a instituir formas organizativas pelas quais é possível garantir a todos um equilibrado acesso aos mesmos bens.

Substancialmente, coloca em discussão um dos pontos decisivos da organização das sociedades modernas e das constituições políticas: a indiferença para com os fins da justiça e dos valores; a liberdade da propriedade entendida como poder privado de disposição sobre os processos de transformação e apropriação da natureza. A cidadania social tende a pôr em discussão a separação entre produção e vida, entre trabalho e mercadoria, que estão na base do modelo da economia capitalista de mercado.

Na experiência histórica, os direitos sociais, especialmente na experiência das sociais-democracias européias, nunca foram impelidos a este ponto, mas limitaram seu campo de ação ao "conflito redistributivo", intervindo e corrigindo as puras lógicas de mercado, segundo critérios definidos de vez em quando politicamente. Como sublinhava, há alguns anos, Mishra, os direitos civis e políticos definem as regras do jogo, enquanto os direitos sociais intervêm para modificar as regras do jogo.

Por isso, de fato, os direitos sociais estão se estruturando como "direitos condicionados". Devemos usar uma expressão imprópria e defini-los "direitos imperfeitos", já que a realização deles — o se e o quanto da realização deles — depende da escolha política e de política econômica; não são definidos, uma vez por todas, mas dependem das relações das forças que lutam para granjear maior quantidade de recursos. Nesses termos, poder-se-ia dizer que os direitos sociais são a face da política social que é levada adiante por um governo, e que são (como tais) uma variável dependente do processo econômico, dos seus critérios de cálculo e da autonomia de suas lógicas.

E aqui se toca o ponto que nos permite ir além na reflexão. Exatamente porque os direitos sociais são, na realidade, o resultado de políticas governativas, que são, de vez em quando, praticadas e consistem no deslocamento de riquezas de um grupo ao outro, de uma casta a outra, de maneira disforme de quanto o mercado abandonado a si mesmo realizaria; exatamente por esta razão, o verdadeiro problema subentendido na temática da cidadania social é aquele da "soberania", de quem decide, de como decide, do porque decide. Falta, realmente, um parâmetro que possa consentir uma objetivação, uma formalização dos direitos sociais. E isso acaba fatalmente por levá-lo a um terreno diverso e absolutamente heterogêneo daquele da cidadania política e civil.

O grande instrumento pelo qual se tornam possíveis os recursos que são distribuídos graças à política governativa é o "amaciamento fiscal". De acordo com a incidência sobre uma determinada classe, pode-se realmente definir o tipo de política social à qual está confiada a tarefa de realizar e garantir os direitos sociais.

Pode dar-se, se não tiver ainda acontecido, que os recursos exigidos pelos direitos sociais incidam sobre lucros de empresas e que, por uma política de deslocamento dos lucros aos salários, tenda a obter um resultado da mais eqüitativa distribuição; a hipótese mais freqüentemente seguida, como foi sublinhado por Scharpf, é porém aquela à qual o "amaciamento fiscal" operou-se essencialmente no âmbito da massa assalariada, para realizar uma redistribuição no interior do mundo do trabalho ocupado e não ocupado, realizando assim aquilo que foi chamado (talvez com certa ironia) o socialismo de uma só classe.

5. Cidadania social e políticas governativas: lutas e estabilização

Ao lado dessas considerações, a constatação de que a realização dos direitos sociais é fortemente condicionada pelas políticas governativas e é estruturalmente inadequada para transformar-se em uma formalização de pretensões atribuíveis a cidadãos, enquanto tais, e agíveis fora da propriedade do *status* e organizações, põem em evidência um ponto que freqüentemente fica descuidado pela atenção dos juristas e não só destes: é a razão pela qual isso acontece, o fundamento que justifica esse tipo de intervenção.

Parece-me agora que as diversas explicações possam ser dirigidas a duas hipóteses fundamentais: a primeira (que é talvez a mais vizinha também da gênese da luta pelos direitos sociais) é a de que o reconhecimento de certos direitos de segurança, de certas formas de garantia do lucro, seja o puro e simples resultado das relações de força que subsistem na sociedade entre os grupos que detêm o controle do processo produtivo e as organizações dos trabalhadores ou outras organizações aliadas. Em suma, a decisão que está na base da política governativa é o "resultado de uma luta", ou, pelo menos, assim historicamente, resulta na evolução e experiência social-democrática (especialmente na Inglaterra e na Alemanha). Tudo isso que foi obtido sob a forma de direitos sociais na verdade foi arrancado com aquele tipo de violência legítima que é o direito de greve e a luta operária.

A segunda hipótese, que se pode considerar, sob certos aspectos, complementar, é que as políticas sociais tenham respondido a uma exigência de tipo oportunístico de estabilização e integração da possível divergência operária e de feixes marginais nas fases da modernização e de estruturação, que reclamavam grandes mutações demográficas.

As duas interpretações não estão necessariamente em antítese: pode bem ter acontecido que, de uma parte, tenha sido perseguida uma estratégia oportunística de neutralização do conflito, para estabilizar e integrar e que, da outra, tenha-se verificado uma dinâmica de luta e um impulso de tipo reivindicativo. Num e noutro caso, todavia, o tema da justiça, assim como está invocada, parece pura cobertura ideológica e não pode certamente justificar resultados de melhoria material e de aumento do bem-estar que foram pagos, em todos os casos, a preços muito altos.

Os direitos sociais não são expressão da justiça exatamente porque parece impossível definir, no quadro de referência institucional caracterizado pela constituição dos direitos civis e políticos, uma idéia de justiça que possa ser partilhada por todos e que não assinale uma passagem a um outro tipo de organização social, a um outro tipo de socialização do indivíduo.

Esta leitura, que possa parecer extremamente crua e, talvez, ainda economística, não tolhe o fato de que, no âmbito da classe operária, especialmente na fase em que o movimento operário andava definindo a própria identidade organizativa e o próprio projeto de transformação, tenham tido uma parte importante também os princípios ideais e os valores.

Refiro-me particularmente ao tema da solidariedade de classe, que foi, por tanto tempo, invocada pelos sindicatos e organizações operárias para alargar o campo das reivindicações além da garantia dos ocupados nos setores privilegiados.

É inegável que na fase heróica das lutas, quando certos princípios não estavam reconhecidos e quando nem o processo do conflito parecia garantido, um papel enorme teve a solidariedade interpessoal, o sentido do socorro mútuo, a participação da família em lutas nas fábricas, na luta para o emprego, na luta pela terra. Naquela fase, realizava-se um envolvimento emotivo que conseguia determinar robustas condições de identificação coletiva entre os que competiam por um posto de trabalho, por um pedaço de terra, por uma mina, e a comunidade das vilas, os habitantes de um quarteirão.

Hoje estamos bem além do apelo à solidariedade. Surgem menos as bases materiais e ideológicas que antes faziam dela um cimento importante, ao menos em ambientes determinados da sociedade, e que serviam para operar nítida distinção, confins, discriminantes entre um campo e outro, entre uma esfera e outra, entre uma classe e outra.

O processo de esfacelamento e de modificações das figuras sociais do trabalho, a transformação profunda da estrutura da empresa, a urbanização e metropolização da vida coletiva modificaram profundamente as condições de base em que se fundava aquele espírito de solidariedade. Por outro lado, contribuíram para destruir o tecido conectivo da solidariedade o progressivo processo de institucionalização dos ambientes de vida, a que chamei alhures a polarização da vida individual e coletiva entre instituição e narcisismo, que o homem vem advertindo na sua experiência cotidiana, através dos aparatos, organizações, respostas legislativas, formas progressivas de jurisdização de um lado, e de outro, a "representação do indivíduo" como portador de um desejo desmedido de consumo e de posse, confiando principalmente no sucesso material das formas de identificação; assim como destruíram a área do social e do simbólico em que se realizava a comunicação e a troca entre a esfera da normatividade e a esfera das pulsações e dos desejos.

O cumprimento, nas áreas dos países desenvolvidos e industrializados, do projeto de extensão do bem-estar e, de qualquer forma, de garantias mínimas, terminou por determinar mais uma relação individualizada entre o individual e o aparato institucional, entre o individual e a organização, do que momentos de interpretação interpessoal e socialização de valores partilhados. O individualismo de massa que caracteriza a sociedade contemporânea acompanha uma grande pobreza de relações interpessoais; o neo-individualismo de massa torna pobre e frágil a identificação individual e a identificação coletiva.

Confiar as instituições e atos legislativos a aparatos, à progressiva penetração molecular na vida cotidiana de momentos normativos e de jurisdização, esvaziou aquele sentido de autonomia de capacidade de "fazer a si próprio" na própria vida, que era também a premissa da relação interpessoal através da qual se estruturava a solidariedade de classe. Basta fazer o confronto entre a velha descrição do operário da FIAT, cuja vida parecia fechada entre os portões da fábrica, as reuniões do partido e a cozinha da família, onde todavia se transmitiam experiências e sentido de si, e os operários descritos hoje por Lerner, que se organizam através de associação dos doadores de sangue por ocasião de uma excursão ao município de Asti para participar de um tipo de colheita coletiva ritualizada. Há uma diferença de mundos, um abismo de cultura, uma transformação antropológica. Certamente não bastam, para colocar em dúvida estas considerações, as formas mais ou menos espontâneas de associacionismo voluntário. Essas singulares ilhas de comunicação emotiva parecem sempre destinadas a funcionar como estrutura de autogratificação, mais do que como premissa de novas relações interpessoais fundadas no reconhecimento recíproco.

Por que então, e em nome do que ansiar por novos direitos e nova liberdade? Que fundamento dar a uma diferente "ordem jurídica e social" que incida sobre a enorme disparidade de poder e de riqueza que continua a subsistir? Na verdade, como foi sublinhado, na crise do Estado social e da experiência de governo no conflito distributivo, o problema de nova forma de socialização em torno do que estruturar a relação entre indivíduo e comunidade é de redefinir as bases práticas (nem moralista nem idealista) de uma concessão da socialidade capaz de manter junto o "sentido de propriedade" e o "sentido da diferença".

Qual é, na época do individualismo massificado e da mediação prismática o ponto em que se constitui uma tensão entre individual e coletivo, a base prática do que foi chamado de uma nova "gramática dos direitos"? Uma dimensão que não ficou ausente, antes de qualquer coisa, na história do movimento comunista, mas que acabou sendo afogada na hiperpoliticidade que contrasta com o economicismo.

Explicam-se talvez assim momentos dramáticos e desenvolvimento imprevisto e cruento que caracterizaram aquela história. Mas, exatamente por isso, reabrir um discurso sobre as formas da socialização do indivíduo na sociedade dos anos "dois mil" exige a coragem de enfrentar os temas de fundo da nossa existência e do nosso destino neste mundo, que parece ameaçado de infinitas insídias. Por isso, devemos cavar em todas as direções, procurar em todos os recantos e contradições da vida que se desenvolve nas grandes cidades e nos pequenos países, mas devemos também saber abandonar as palavras que não nos servem mais, devemos saber que não podemos confiar mais em termos desgastados, como, talvez, por certos aspectos, tornou-se a própria expressão da solidariedade que alude a uma disparidade, a um desnível, a um outro que recebe em troca de uma dependência.

Ao contrário, a mesma solidariedade invocada nesses últimos anos para reconhecer uma espécie de "direito civil" à renda mínima garantida pode tornar a cobertura da exclusão de toda efetiva socialização do indivíduo, a falsa aparência do isolamento e da passividade que a mediação prismática não consegue colocar em nível conhecido.

Também, se "assegurado" a respeito da sobrevivência, o cidadão com renda mínima garantida permanece, de fato, absolutamente privado de referências interpessoais e sociais para defender-se da manipulação do "tempo livre" e para encontrar a base social sobre a qual o próprio direito à sobrevivência pode ser fixado pela doutrina.

CAPÍTULO 5

A estratégia do agir comunicativo: o ineludível problema da vontade de poder

1 — Harbermas versus Luhmann: a teoria consensual da verdade

"O direito perde a sua capacidade de ser verdadeiro, pelo fato de que a verdade vem especificada (...) como certeza intersubjetiva cogente, ou seja, como determinado modo de transmissão da representação. O direito atual não pode ser nem verdadeiro nem não-verdadeiro, mas pode apenas valer."

Nesse trecho de Luhmann é evidente o nexo entre a artificialidade e o seu desengancho do problema da verdade. Antes, porém, toda a teoria sistêmica de Luhmann funda-se explicitamente sobre o ordenamento dos conceitos de verdade e, contextualmente, de vida, e à transposição sistêmica deles, de modo a subtrair os mecanismos da comunicação humana, seja na rigidez das relações concretas e das leis absolutas, seja na "contingência naturalística", entendida como empiria e acidentalidade. A contingência sistêmica é , de fato, controlável, já que se resolve na mesma variedade das estratégias possíveis para realizar os vários escopos.

A contingência não é um dado natural, empírico, mas a mesma complexidade do sistema que se estrutura sempre como alternativas possíveis. À escassez de bens concretos, substitui-se a escassez das estratégias, o que é socialmente regulável pelo direito e pelo próprio dinheiro, porque é uma "contingência artificial". Quanto mais o direito e o dinheiro estejam longe da verdade e da substância dos desejos materiais, mais funcionam como mediadores gerais, já que eles deslocam sobre o terreno simbólico aquilo que sobre o plano substancial e natural resultaria insuportável ou produziria violência. A mediação prismática é nesse sentido a simbolização extrema da relação "eu-mundo-outro", porque realiza o máximo de artificialidade da imagem do "eu" e torna possível a conexão das diversas imagens, sem chamar jamais em causa diretamente as pessoas. Uma mediação atuada por imagens imuniza a expressão dos sentimentos. Se, em toda comunicação, o homem se expusesse diretamente, arriscaria, a todo momento, a própria dignidade; por isso, a imagem institui o reino do parecido e suprimiria o do ser.

A auto-apresentação pública pode-se realizar apenas dentro da função da mediação prismática, uma vez que a intimidade da consciência como o peso da verdade são absolutamente insuportáveis em um sistema que quer realizar a definitiva pacificação social e o pluralismo mais relativista. Na verdade, não somos apresentáveis como seres humanos apaixonados, agressivos, arrogantes, cheios de desejos e necessidades.

Entende-se por que a teoria do agir comunicativo de Habermas (e a sua tentativa de instituir um nexo entre direito e verdade) seja uma extrema tentativa de reagir a esses processo de dessubstanciação e de colocar em campo o tema da transcendência e da teologia. "O mundo vital é, por assim dizer, o lugar transcendental, no qual quem fala e quem ouve se encontram" para procurar a harmonia entre as suas expressões e o mundo objetivo, subjetivo e social. Habermas fala explicitamente de um "a priori do entendimento", que não é, todavia, confiado à intimidade da consciência mas à vocação universalista da linguagem e nos impõe comunicar segundo o princípio de verdade. A racionalidade de Habermas é, todavia, uma racionalidade substancial. Quando se libera o potencial de racionalidade, fechado no agir comunicativo, dissolve-se o nó arcaico do normativo, para dar lugar à racionalização das imagens do mundo, à universalização do direito e da moral e também à aceleração dos processos de individuação. Sob tal tendência evolutiva, surge o projeto de uma sociedade completamente racionalizada mediante a comunicação.

Habermas torna a propor, portanto, com a sua teoria da comunicação, da comunidade ideal de linguagem, a possibilidade de um acesso à verdade, à racionalidade comunicativa que fornece os critérios de juízo para a crítica da sociedade capitalista.

O seu objetivo é o de afirmar uma "teoria consensual da verdade", segundo a qual o argumento melhor se pode fazer valer através das propriedades formais do discurso, de modo a adquirir consenso sem coação. A força que Habermas opõe à pura coação, ao decisionismo de Luhmann e ao seu simbolismo da aparência, é a da motivação racional, que se realiza mediante a cadeia lingüística, através da qual a linha argumentativa torna-se transparente e codivisível. Como argumenta Rusconi na introdução à obra de Habermas, "Agir Comunicativo e Lógica das Ciências Sociais", a argumentação racional é eficaz quando com a patronização dos vários planos do discurso até o momento em que não se tira consenso. Há autêntico consenso, quando; pela padronização das propriedades formais do discurso, é assegurada livre circulação entre os diversos níveis da convenção.

A teoria do agir comunicativo é, para Habermas, o antídoto mais poderoso à lógica funcionalista e à teoria sistêmica que parece agora regular inteiramente os mecanismos do controle social. A lógica funcionalista é, no juízo de Habermas, a expressão do agir instrumental que opera segundo o esquema "meio/objetivo" e que prescinde, por isso, de qualquer recurso à motivação racional. O sistema é, de fato, a expressão de uma racionalidade puramente instrumental, a respeito da qual o que conta é a adequação entre meio e escopo, o agrupamento dos resultados, a eficácia e a influência necessária sobre o comportamento humano.

À razão instrumental, Habermas opõe, com todo o vigor da sua reflexão apaixonada, a comunicação racional fundada na obtenção discursiva da verdade. A verdade objetiva retorna a campo com toda a sua capacidade de vincular sem constranger.

A teoria do agir comunicativo apresenta-se como uma espécie de "última praia" a respeito da invasibilidade e a performance da teoria sistêmica nos confrontos com a comunicação humana; a comunicação, realmente, funda-se sobre a inextinguibilidade e criatividade dos mundos vitais.

O programa de Habermas procura afastar também os círculos viciosos da filosofia da consciência, e confia à "linguagem", à estrutura da linguagem, ao agir comunicativo através da troca recíproca dos argumentos, até a obtenção da verdade condividida, "o papel de último baluarte" contra a colonização dos mundos vitais das partes dos aparatos institucionais. Só a linguagem parece oferecer a Habermas o meio para reencontrar o universal, um universal conquistado graças à ação discursiva, que tende a fornecer, no esforço permanente de persuasão, argumentos suscetíveis de sempre maior generalização. A linguagem, que torna possível a mesma constituição humana, é a depositária desta vocação comunicativa, do impulso lingüístico para a verdade, que permite contrastar a razão instrumental, o agir fundado sobre a eficácia do meio e sobre sua idoneidade para manipular o comportamento de outrem e a mesma natureza não-humana.

O ímpeto e a amplitude da reflexão de Habermas tornam certamente inadequada e parcial a tentativa de um exame crítico que movimenta unicamente análises da experiência e da linguagem jurídicas. Todavia, algumas considerações sobre a linguagem jurídica podem ter uma relevância mais ampla. Por esse aspectos, a racionalidade comunicativa de Habermas tem, exatamente na experiência jurídica, a possibilidade de uma verificação crucial.

A aplicação do racionalismo de Habermas à experiência jurídica é, sob esse perfil, um teste significativo: se realmente existe um ponto a partir do qual possam ser verificados a validade do agir comunicativo e o primado da racionalidade consensual, este é, certamente, o campo da normatividade que constitui o tecido conectivo da sociedade moderna. Com respeito ao mundo das normas jurídicas adverte-se realmente, com particular agudeza, o problema da legitimação da obrigação jurídica, e Habermas tenta dar uma resposta a este problema. Na verdade, nunca, como neste momento, os recursos argumentativos utilizados para afirmar a cogência e o vínculo das normas, para sustentar a obrigação jurídica, parecem sobrepostos às críticas mais cerradas, até o ponto de parecer uma débil ossatura à frente do crescente decisionismo do poder público.

Não é um caso à parte que no volume de Habermas dedicado à "Crise da Racionalidade do Capitalismo Maduro", o seu alvo — como já em outros escritos — venha individuado na teoria sistêmica de Luhmann.

O pedido que Habermas põe explicitamente é se seria possível uma motivação racional do poder que produz normas.

Luhmann sustentou exatamente o contrário. O direito de uma sociedade, escreve Luhmann, é positivado quando a legitimidade da pura legalidade encontra reconhecimento em si e per si, quando o direito é observado porque é colocado segundo determinadas regras sobre a base de uma decisão competente. Desse modo — sublinha ainda Luhmann — uma questão central da convivência humana, ou seja, o arbítrio torna-se instituição. A positivização do direito significa que a qualquer conteúdo pode ser assegurada a validade jurídica. E isto mediante uma decisão que dá ao direito a sua validade e que pode novamente tolhê-la. O direito positivo vale pela força de uma decisão. As regras procedimentais, formais, são suficientes como premissas legitimantes da decisão, e, por outro lado, elas não têm necessidade de qualquer outra legitimação.

De outra parte, sempre segundo Luhmann, só a abstrata validade cogente de normas que possam subtrair-se a uma justificação material de conteúdos serve para estabilizar a expectativa de comportamento, garantindo estrutura sólida e duradoura à sociedade. Com Luhmann, toda a verdade do direito se consigna na procedimentalização, na sua reflexidade. O direito é um processo social de tratamento do engano e de aprendizagem das expectativas que possam ser satisfeitas. Seria por isso impensável sobrepor a legalidade a qualquer forma de crítica fundada na legitimação e reabrir o discurso da verdade do direito. Revelar o engano da falta de fundamento significaria lançar o corpo social inteiro na incerteza e na confusão.

2. Agir comunicativo e legitimação discursiva das normas

A estas conclusões apõe-se Habermas. Elas afirmam nitidamente que a pura legalidade, por muito tempo, não poderá assegurar o reconhecimento das normas e das regras de comportamento se o poder não for legitimado independentemente, o que quer dizer: em conformidade com a justiça. A criação do direito e a sua aplicação, segundo Habermas, não estão suficientemente legitimadas pela legalidade dos processos, mas pela interpretação geral que sustém o sistema na sua totalidade. A pretensão que sirva para as normas colocadas, segundo o processo, não pode deixar de enviar, sustenta Habermas, à motivação discursiva, de natureza substancial. Toda norma deve estar em condições de justificar-se criticamente com base no confronto com os argumentos e razões comunicativas, com a sua capacidade de generalização, com a sua referência a uma imagem do mundo, que legitima, em última instância, o poder.

As normas são legítimas com base numa verificação discursiva da motivação que as sustenta. Só o consenso motivado pode fornecer os recursos de legitimação necessária à obrigação jurídica. O modelo subentendido do mundo das normas só pode ser uma comunidade de comunicação: a comunidade dos sujeitos interessados que, enquanto participam de um discurso, verificam reciprocamente as respectivas pretensões. Por isso, a aceitação das normas jurídicas deve ser motivada racionalmente e suscetível, a todo instante, de ser problematizada com respeito ao modelo ideal da comunicação discursiva, livre de domínio.

O reconhecimento racionalmente motivado em termos discursivos da pretensa validade de uma norma resulta, de fato, acessível apenas no quadro de uma pesquisa cooperativa da verdade. Só através dessa pesquisa cooperativa pode-se dar ingresso, no mundo do direito e das normas, àqueles interesses generalizáveis e compreensíveis por todos os membros da comunidade, àquelas necessidades comunicativamente condivisas, que possam ser colocadas em plano de reciprocidade. A capacidade de generalização dos interesses e dos desejos é o critério de medida da legitimidade das normas, assim como o agir livremente discursivo, fundado sobre a oferta recíproca das motivações racionais, é o critério de medida de uma comunidade de linguagem que não sofre distorsão ou enganos pela estrutura de domínio ou pela preponderância de razões instrumentais.

A teoria consensual da verdade apresenta-se assim para Habermas como um critério de legitimação do mundo jurídico, do mundo das normas, mas ainda do modelo ideal a atingir para efetuar a crítica das normas ou das regras que estejam viciadas pela interferência da vontade repressiva ou que tendam a estabilizar relações de puro poder. A referência à comunidade ideal de linguagem consente não só em dar um fundamento de verdade ao princípio do direito, mas também em distinguir as normas justificáveis das normas que realizam, ao contrário, funções repressivas ou instrumentais e que, seja como for, estabilizam relações de violência e de desigualdade.

Sob esse aspecto, a referência ao mundo da experiência jurídica consente, talvez melhor do que qualquer outro, em determinar e aproveitar o programa em conjunto da pesquisa habermasiana. Esta se coloca certamente na conjuntura da crise do Estado, como centro de imputação da vontade geral. Agora, o fato, sempre mais evidente, de que o Estado não está em condições de realizar e garantir aquele "salto" do particular ao geral, aquela sublimação dos interesses sobre os quais Rousseau, Hegel e toda a tradição constitucionalística tinham procurado fazer acreditar, tornou certamente dramático o problema da pesquisa das regras da convivência em uma sociedade cada vez mais complexa e desarticulada. A que foi descrita como objeto da centralização do Estado, a sua incapacidade ora descoberta de funcionar como síntese e sublimação dos interesses particulares, e de pôr-se como expoente dos interesses e da vontade geral, deixou um "espaço vazio", em que parece difícil reconstruir as bases de um consenso sobre normas.

O Estado aparece sempre mais como um poder chamado a efetuar prestações em função de específicos problemas a resolver, mas estruturalmente incapaz de representar a totalidade da convivência e o terreno da verificação de um consenso não viciado ou não manipulado das práticas políticas.

A pesquisa de Habermas é a de uma nova mesa de diálogo, depois da ruína de Weimar, após as experiências das ditaduras, após a renúncia a toda possibilidade de fundamento de ética universal.

A pesquisa de Habermas é, sob este aspecto, uma pesquisa apaixonada, dramática; a pesquisa de um "novo terreno neutro", de um espaço em que se pode fundar o consenso, além do poder do Estado.

A linguagem, para Habermas, responde a esta exigência: a comunicação discursiva, a pesquisa cooperativa da verdade são a forma que torna apresentável os interesses, que pode governar a socialidade dos homens na fase da complexidade funcionalista e da lógica instrumental dos sistemas despersonalizados. A linguagem é constitutiva da comunidade ideal de comunicação; nesta, é possível reatingir a verdade e, sobre essa, fundar a vinculabilidade racional dos comportamentos e a decisão concorde dos princípios regulativos da coexistência. A linguagem é o último lugar neutro, o último espaço que se abre entre o indivíduo e o poder. A linguagem é o transcendente social e coletivo com respeito à particularidade brutal dos interesses e dos desejos.

O desaparecimento do sujeito, a deformação instrumental do Estado, impõe a Habermas a pesquisa da transcendente ausência do sujeito e do Estado, em um espaço social e coletivo, em que o intersubjetivo e a reciprocidade proporcionam as metarmorfoses dos interesses e desejos em argumentações generalizáveis e em motivações universalmente válidas. A comunidade ideal de linguagem, a pesquisa cooperativa da verdade é, não apenas uma estrutura imanente às experiências que o homem realiza, vivendo na dimensão quotidiana dos mundos vitais, mas também o transcendente, o dever-ser que permite misturar as distorções, as desigualdades, as repressões produzidas pela estrutura de domínio, que estão implicadas na razão instrumental e na lógica funcionalista.

Nesses termos, o programa de Habermas é também a oferta de repropor o valor da "razão iluminista". A intenção profunda da pesquisa habermasiana também é, provavelmente, a de dar uma segunda oportunidade histórica ao iluminismo, à comunidade dos homens livres e iguais, que são capazes racionalmente de sair do reino das necessidades e da coação dos desejos, para chegar, através da iluminação da verdade, ao reino da cooperação e do reconhecimento recíproco dos direitos. A comunidade ideal da linguagem dá, na prática, a palavra à fundação consensualista do direito.

Com Habermas, volta, de qualquer modo, em campo, o que Pietro Costa chamou de projeto jurídico moderno. O próprio Costa, na introdução ao seu volume, sublinha que a unidade complexa do projeto jurídico, como canalização e institucionalização de todo possível conflito, remete a uma opinião pública no senso de Habermas; constrói-se com ela e exprime, como momento da teoria, o nível de uma dinâmica social e hegemonia burguesa. A unidade do projeto jurídico é a unidade complexa das classes que o produzem. O tecido discursivo do projeto jurídico moderno é totalmente percorrido de metáforas; o próprio projeto é o mesmo coração do processo social e assume o significado paradigmático de centro de irradiação da sociedade inteira.

3. A igualdade formal como universal jurídico: o arbítrio da eliminação das diferenças

Por essas razões, além de toda consideração sobre premissas conceituais da teoria da comunicação de Habermas, interessa-me, de modo particular, verificar os êxitos dela no terreno da experiência jurídica. É exatamente nesse plano que o universal da comunicação parece andar ao encontro de uma séria bancarrota: a descoberta da vontade de poder no interior da linguagem, a inevitável contaminação de violência e normas. Na verdade, como já tínhamos visto amplamente, o universal jurídico — que se exprime de modo exemplar no princípio da igualdade formal, isto é, em cuja base todos os homens são iguais perante a lei, e que constitui certamente a experiência de máxima generalização do princípio jurídico — funda-se sobre uma coação e origina-se de uma decisão constituinte, que introduz uma "discriminante" histórico-prática com respeito à precedente organização da sociedade. Não só, mas principalmente pela estrutura de universal puramente formal, por seus caracteres de igualdade, com respeito à forma jurídica, é estritamente funcional a organização da sociedade fundada sobre a autonomia do econômico, sobre a organização capitalista da produção, sobre a separação de público e privado, sobre a assunção do indivíduo como portador de um desejo ilimitado de poder.

A análise do universal jurídico, que se exprime no princípio de igualdade, não consegue ocultar, definitivamente, a sua específica inerência a uma sociedade organizada e determinada, através da distinção entre esfera da produção e esfera da vida e das necessidades.

Se é verdade, realmente, que as relações jurídicas possam nascer só do consenso, é também verdadeiro que determinar a intervenção do consenso e o seu conteúdo podem ser apenas interesse e necessidade. A exigência para satisfazer interesses e necessidades é o verdadeiro motor do ordenamento jurídico: o fato prevalece sobre a forma e impõe a sua violência prática. A liberdade de obrigar-se sobre o limite prático da necessidade de satisfazer interesses e necessidades, até o ponto de tornar o sujeito livre e independente, constrangido a obrigar-se a prestar atividade laborativa mediante contraprestação, para obter o necessário para viver. O universal jurídico, o princípio da igualdade formal, permite que a economia se apresente como uma operação privada, que se desenvolve entre sujeitos privados; subtrai à socialização o verdadeiro problema da vida: produzir o que serve para reproduzir-se.

O direito igual, universal jurídico da modernidade, é o direito da circulação dos bens e da riqueza, regulados pelo processo produtivo e pelo mecanismo das trocas de mercado.

De outra parte, se todos são iguais perante a lei, como se explica que, em seguida, cada um seja constrangido a pactuar com o outro, para obter o que necessita para viver? Evidentemente, porque alguém tem coisas que outros não possuem e que, por sua vez, têm interesse de obter, colocando à disposição os próprios "bens" e, última instância, sua força de trabalho. Isto significa então que a igualdade convive com a desigualdade, que não se lê na forma dos códigos, e que estes pressupõem como uma necessidade, mas não regulam diretamente.

Não se admira que Kant sublinhava que à igualdade jurídica dos homens se contrapõe sempre a desigualdade dos processos privados, que ficam todavia relegados à esfera contingente da vida econômica e como tais não são relevantes para definir "status" jurídico. O universal jurídico, o princípio da norma abstrata e geral, da igualdade diante da lei, estabelece como se desenrolam as relações individuais, quais são as regras do jogo, mas não diz de onde partem os indivíduos, quais são as posições de início de cada um ou os meios de que nos servimos para obter o que seja necessário para viver. É este o segredo do direito moderno: o de ser um universal sem conteúdo.

Nestes termos, entretanto, é difícil não obter o elemento de força e também de violência que esse tipo de igualdade comporta.

A igualdade jurídica formal implica, realmente, na instituição do parâmetro quantitativo da troca, como mediador universal: a redução das diferenças qualitativas a puras diferenças de fatos. O princípio da igualdade formal implica, realmente, na instituição do parâmetro quantitativo da troca como medidor universal: a redução das diferenças qualitativas a puras diferenças de fato. O princípio da igualdade formal, definitivamente, entrega o mundo das diferenças e portanto a individualidade implícita dos mundos vitais à pura contingência e à eterna irrelevância.

4. O universal jurídico e a instituição do mercado e do cálculo econômico

A razão comunicativa é só a "representação" que adoça a férrea necessidade da relação entre meios e fins; é a cortina atrás da qual se esconde a nua vontade de domínio do *homo faber*. As considerações já desenvolvidas sobre o universal jurídico e sobre a forma da igualdade permitem-nos fazer uma crítica mais nítida nos confrontos da colocação habermasiana.

Já Gustavo Gozzi havia observado com muita agudeza que, se a estrutura material do poder, a organização prática da sociedade, o seu existir governado pelo cálculo econômico, estão em uma relação determinada com a ideologia jurídica dos indivíduos livres, não se pode assumir a ideologia produzida por aquela organização prática como o ponto de vista privilegiado para crítica da mesma determinação social. Cair-se-ia assim no paradoxo de criticar as causas sob o ponto de vista dos efeitos.

Na verdade, a objeção que a análise da forma jurídica sugere nos confrontos de Habermas encara o problema de fundo, que está na base da sua concessão da linguagem, entendida como estrutura que exprime uma imanente vocação para a pesquisa cooperativa da verdade. Falta, no raciocínio de Habermas, o esclarecimento relativo ao modo em que se toma a decisão sobre as regras. O problema de quem decide sobre as regras da convivência, assim como aquilo de quem decide sobre as regras da linguagem, e sobre modos de formação da comunicação interpessoal e social, em geral, são, de resto, problemas dramaticamente presentes perante a dimensão e a objetiva ambivalência dos processos de informatização. Não é científica a hipótese de que o código informativo (e o processo de auto-inovação determinado pela aplicação da técnica à técnica) possa resolver-se em uma proibição ao acesso de tudo o que seja reconduzível ao programa cibernético, assim como não é uma mera visão da hipótese de que o critério de justiça se resolva em uma análise dos custos e benefícios e, em definitivo, em um cálculo estatístico das conveniências econômicas.

Na realidade, a linguagem (como o direito) não pode ser a garantia de uma relação de troca entre formas de comunicação e mundos vitais se estes são condicionados pelas regras da mediação prismática. Falta substancialmente o confronto sobre o problema da vontade de poder.

De outra parte, se a linguagem é constitutiva de uma generalidade, confiada "unicamente" ao "valor" da verdade, de que modo se pode pôr como limite da vontade de poder, que é exatamente o problema com o qual deve necessariamente confrontar-se a organização da sociedade civil e da sociedade política? Pode o limite da vontade de poder ser um "não-poder", assim como se apresenta a linguagem habermasiana? E como o universal jurídico seria um vínculo à vontade de poder se, por sua vez, não é poder?

Descuidando o problema da decisão com que se produzem as regras, termina por se ignorar o problema da relação entre linguagem e poder. Descuida-se do que Hobbes lucidamente ensinou: o homem é o único dos animais que, graças ao significado das palavras, é capaz de inventar as regras, mas, ainda, o único entre os animais que pode usar falsas regras para transmiti-las aos outros. A conclusão, lembrada recentemente por Mário Tronti, é que, graças à linguagem, o homem não se torna melhor, porém mais potente.

E, de resto, também Foucault demonstrou que toda estratégia discursiva é também uma estratégia de exclusão: a "normalidade" das linguagens serve para excluir o acesso à voz do excepcional, do diferente, do que, seja como for, não parece reconduzível à forma dominante. Efetivamente, não há uma linguagem que se subtraia à vontade de poder. Não há forma que, para ser necessariamente redutiva da multiplicidade da vida, não acolha em si o "decreto" da indiferença.

Tanto o universal da linguagem quanto o direito igual formalizam e por isso tendem a fechar o que, ao contrário, não pode ser fechado, nem reduzido a puro metro quantitativo. A vida é também forma, mas não vive só dentro da forma. A vida produz formas, linguagens, códigos, mas não se exaure nesses; tem necessidade das formas, mas assedia continuamente os confins: a relação permanece ambígua, como a entre o direito e o poder. Por isso, não precisa pedir à linguagem mais do que ela possa dar. Creio que a lição de Wittgenstein deva assumir como lição ultimativa: "a tendência de todos os que têm procurado falar de ética, de religião, etc." foi a de arremessar-se contra os limites da linguagem. Esse arremessar-se contra as grades da nossa gaiola é perfeita e absolutamente desesperador. A ética, enquanto surge do desejo de dizer alguma coisa sobre o significado último da vida, não pode ser uma ciência, não pode ser um falar; para chegar além do mundo, é preciso andar além da linguagem significante.

Como não se pode esperar da linguagem o que não pertence a ela, nem contribuição que não lhe cabe, assim, ao meu modo de ver, não se pode esperar muito do direito: não transformá-lo jamais em uma teoria da justiça, nem avançar pretensões de verdade universal. O direito é uma muleta da qual o mundo moderno não pode prescindir, mas exatamente por isso é tratado dessa maneira, reconhecendo a estrutura decisional da norma jurídica, reconhecendo o fundo de poder que se encontra em toda norma. O direito, realmente, é poder de regular e colocar ordem, na sociedade, dos conflitos que não têm uma tábua de salvação, além daquela da legalidade.

O espaço que o direito pode abrir à convivência está todo na sua diferença do poder sem direito, da violência opressiva. O direito é o poder que vive dentro de uma forma que define, por meio do processo, os limites e a legalidade. Para isso, o direito-poder é diferente e distante do poder público, da violência sem nome. Nesses termos, o poder do direito pode opor-se ao poder da força. Um arbítrio posto em "forma" é sempre preferível a um arbítrio sem regras.

Como sublinha eficazmente Resta, o direito é um redutor de complexidade e é então sempre o fruto de uma decisão. Para isso, a técnica jurídica exprime um "saber que não dá poder", já que institui a norma de fechamento de uma ordenação complexa; " essa técnica é poder-saber que trabalha com um programa-condicional (se...então) em que é a reflexidade do procedimento judiciário para assegurar decisões simplificativas".

A inevitável seletividade da redução da complexidade — especialmente quando vem na forma metafórica da generalização — torna a linguagem e a racionalidade jurídicas sem fases nos confrontos do indivíduo, do particular, do diferente. A técnica jurídica é portanto incindível pela força e pela decisão disciplinante e homologante. E, entretanto, o direito, pela forma em que é colocado, é também um potente "relativizador da força", e ainda o indício de uma estratégia que tende a suscitar consenso.

Não a sua verdade, mas a estrutura metafórica e a sua inevitável reflexividade (conexa exatamente à autofundação do direito moderno) são as garantias de uma distância entre o poder do direito e a violência do arbítrio que persegue o caso particular para reconduzi-lo à "normalidade". Entre o poder do direito e o poder sem direito abre-se o espaço de uma liberdade negativa, que consiste na pura recusa de deixar-se disciplinar sem "forma". Se Deus não nos salva mais, e nem nos salva a pesquisa cooperativa da verdade, é preciso então concluir que a cultura do "limite" é que nos permitirá sobreviver.

O universal jurídico e a igualdade defronte à lei são historicamente a forma na qual o poder decidiu o próprio limite: a forma da legalidade definiu, na experiência do mundo moderno, o âmbito da decisão vinculante.

O poder da decisão disciplinante não é exorcizável, mas torna-se aceitável em virtude da sua parcialidade. A discursividade é uma ressurreição retórica, mas o ônus da argumentação é sempre preferível à brutalidade do comando, que não deixa espaço ao dissenso. Desde que seja claro que a verdade e o sentido da vida são coisas muito graves para serem confiadas à pesquisa da melhor argumentação, à prática da discursividade e tanto menos às regras jurídicas fundadas na generalidade dos interesses.

Um compromisso jurídico, paralelo à norma, pode ser útil, mas vive no pressuposto de que a verdade não esteja em evidência e que portanto fica fora de campo. Legitimar o caráter convencional e tendencialmente contratual do direito moderno com a pesquisa cooperativa da verdade pode resolver-se, também contra a melhor intenção, em uma implícita apologia da ordem vigente, do totalitarismo, do indiferente.

Na realidade, para legitimar este mundo, não é necessário molestar a pesquisa cooperativa da verdade e a comunidade ideal de linguagem: basta a performatividade do ceticismo luhmaniano, que não tem a pretensão de pôr em campo algum valor ideal, mas só a potente eficácia do seu sistema polifuncional e flexível.

A honestidade do cálculo monetário pode, depois, ocultar a desonestidade de uma vida sem sentido, ou melhor, destinada ao único sentido da existência.

TERCEIRA PARTE:

A FORMA DESFEITA

CAPÍTULO 6

A crise da democracia

1. A crise dos pressupostos da representação política: o indivíduo autônomo e o interesse geral

Desde que "aparecer" e "ser", particular e universal, foram apresentados como contrapostos na cena da vida individual e coletiva, a mediação tornou-se um "destino". Prescindindo da centralidade que a figura da mediação tem na filosofia hegeliana, através do movimento que consente em "superar na mediação a própria mediação", não há dúvida de que o mundo moderno se constitui pela especificidade das formas da mediação em que se realiza a troca social entre a individualidade contingente e a universalidade intangível e imóvel.

A mediação prismática e a teoria sistêmica dissolvem as figuras tradicionais das mediações modernas, uma vez que anulam toda polaridade e toda contradição através da integração do sistema, desempenho social e contingência individual, assim como dissolvem a noção de tempo e de espaço, constitutiva do próprio processo de produção de "formas" e da dialética forma-vida.

É singular que a mediação prismática e a teoria sistêmica da complexidade tentem atuar definitivamente na consciência do "logos" e da história, a mediação da mediação, assim como a mágica figura da esfera hegeliana realiza a "quietação circular".

É pois indubitável que o desenvolvimento e a extensão da mediação prismática afastam decididamente o terreno das dinâmicas sociais e das formas em que foi representada a relação entre indivíduo e comunidade, entre sujeito e Estado, entre presente e futuro. Nos confrontos de Luhmann vale, com as devidas proporções, o que foi dito por Hegel: nada fica fora da totalidade processual, "não há mais sentido além da transformação do sentido", na trama do sistema.

Ponto de partida para repropor e tematizar a rejeição do fechamento do horizonte histórico entre os limites do sistema dado é, para isso, a consciência de que não bastam mais os apelos à pura defesa do que foi conquistado.

O fato de fundo com que devemos confrontar para dar um passo adiante na vida da análise dos problemas presentes é, particularmente, a crise da democracia, a crise tradicional e difusa concessão da participação dos cidadãos nos processos tradicionais como forma geral da mediação entre a assim dita "vontade particular" e a "vontade geral".

Vai-se desenvolvendo, até no sentido comum, a idéia de que na sociedade complexa a democracia seja um "não sentido". Esse processo de anulação focaliza diretamente a modalidade de soberania, especialmente na versão da soberania popular, porque é exatamente esta a forma de soberania que hoje parece privada de conteúdo e de assuntos.

O realce entre a gente e os institutos da democracia refere-se ao núcleo da comunicação política: os recursos motivacionais do indivíduo, para intervir e participar. O mesmo discurso vale por tantos aspectos da vida pública. Há uma tendência difusa para refugiar-se na própria concha privada. Não é mais sustentável a tese de que a democracia seja a forma mais idônea para tomar as decisões coletivas e, ao mesmo tempo, o instrumento e forma da mudança social, assim como não basta mais afirmar solenemente que a democracia seja um valor. Não basta mais e é um problema de recursos motivacionais que devem ser chamados a campo, conforme modalidade ainda a descobrir.

Desse ponto de vista não se pode deixar de referir-se à leitura da crise da democracia que está proposta no âmbito da teoria estrutural-funcionalista e, em particular, na teoria dos sistemas: a democracia é um processo para a verificação do consenso sobre uma decisão já tomada, que vale quanto à sondagem de opinião de um instituto especializado.

A tese que pretendo desenvolver é a de que a democracia é o êxito das suas premissas, o cumprimento do seu modelo originário (do qual não se fala nunca), ou seja, da antropologia e da filosofia política que concorreram para definir o conceito moderno de democracia e de soberania. Não funciona mais a idéia-base daquela concessão: a referência ao homem, ao indivíduo, como sujeito capaz de conhecer e elaborar os dados do mundo social. "O indivíduo desordenado é, assim, um multiverso; não é representável nem sequer a si mesmo, não se consegue ver nem mesmo eu" (Bodei). Parte daqui o fim da autonomia individual como momento de imputação a um centro deliberativo de escolha de decisões.

De outro lado, também, o sistema social não é mais visível na sua totalidade porque se diferenciou e é, como se diz, complicado. Tornou-se assim, para a alta diferenciação, funcional e, por isso, fortemente articulado. Os subsistemas que o compõem são "caixas pretas", como as dos aviões; são conhecidas só quando se rompem, quando o avião cai.

A ordem social, afirma-se, não é deduzível da ação individual, e nem da ação coletiva. Foi interrompido todo o sistema de comunicação entre "ação e forma de ordenamento", entre ação e sistema, que era uma das premissas tradicionais da concessão democrática. A ação, realmente, pressupõe intencionalidade, pede sujeitos que se motivam, que exprimam intenções, vontades, persigam objetivos. Na sociedade complexa, reconstruída segundo os esquemas da teoria sistêmica, os esquemas foram introduzidos no sistema, foram distribuídos nas estratégias e nas listas; os indivíduos servem-se dele como cosméticos para pintar-se e fazer-se reconhecer. O Estado, por sua vez, dilatou-se e fracionou-se em uma série de aparatos destinados a operar segundo lógicas, em grande parte, autônomas.

Atrofiam-se assim os pressupostos das noções de soberania, e isto quer dizer o indivíduo e o Estado. O sistema, como uma grande trama distendida sobre o ambiente social, tornou-se autônomo, funciona segundo critérios auto-referenciais. É, realmente, um grande aparato de tecnologia social para a seleção dos problemas e para a definição das respostas possíveis, segundo as compatibilidades dadas.

Também o sistema dos partidos funciona do mesmo modo. Fechou-se em si mesmo e é auto-referencial no sentido de que não "se comunica" com o conjunto da sociedade.

2. A falta de fundamento de uma teoria natural dos interesses

Absolutamente ineficazes e até ridículos parecem os corretivos propostos no âmbito da direção assim dita "melhorista", que eu defino "a humanização consciente da teoria sistemática". Tratam-se de velhos ingredientes; a idéia de um instinto, ora egoístico, e de um conjunto de racionalidade discursiva de um "pouco de razão": a aliança entre Luhmann e os filhos da foca de Celentano. As críticas são fáceis e óbvias. Os intentos e as necessidades são, efetivamente, uma construção social. O antropólogo nos diz que até a insaciabilidade, isto é, a fome, é vivida de modo diferente nos diversos contextos culturais. Existem ainda, neste mundo, multidões e comunidades que consideram o controle da fome um valor absoluto, enquanto dão grande liberdade ao sexo: consideram deveras a insaciabilidade uma forma de loucura, enquanto o Ocidente a considera o signo da sanidade mental. Onde está então a natureza? E o instinto? E a racionalidade de quem fala? A racionalidade discursiva faliu e basta apelar para as considerações de Franco Crespi no volume de iminente publicação sobre ação e poder. À mistura de determinações institucionais e de boas razões à Boudon pode-se sempre opor o dilema de Parsons: ou a mediação ativa do indivíduo é independente dos condicionamentos e, então, é preciso dizer que coisa são o sujeito, a vontade, os valores (como se formam, qual é a sua gênese), ou tudo já está compreendido nas premissas e então será o mesmo que não falar mais nisso.

Na verdade, a crítica dos pressupostos furta-se, também deste modo débil, a defender a democracia, porque ela está totalmente dentro da cultura tradicional, ou seja, a cultura que é filha da filosofia política e da antropologia de que nascem as categorias de soberania nacional e popular que depois são afastadas da teoria sistêmica. A serpente morde sua cauda. Na base de ambas as teorias, há a mesma idéia de que o homem seja um "sujeito de necessidade". Bentham definiu, uma vez por todas, os quatro pontos em que se constrói a ordem social do direito e do Estado moderno, isto é, a "identidade natural dos interesses": todos os interesses são iguais; todos temos necessidade das mesmas coisas; todos os interesses são mensuráveis em termos de cálculo algébrico do prazer e da utilidade; a troca de mercado é o instrumento para a resposta a esse cálculo. O mercado e a soberania da moeda (não é por acaso que Simmel identifica a soberania com o dinheiro) são os instrumentos da grande mediação social.

A construção originária da representação fundada sobre essa concepção antropológica, sobre esta filosofia, produz a universalidade genérica sem conteúdo, pronta para receber a forma das diferenciações funcionais da teoria sistêmica, porque não é, estruturalmente, capaz de enfrentar o problema das diferenças qualitativas e deve confiar na autocomposição social que se realiza no mercado.

A dissolução sistêmica deste ordenamento já está nas suas premissas. Desaparecido o sujeito de direitos, este indivíduo reduzido pelas teorias fisiológicas na sua estrutura orgânica elementar; canceladas todas as dimensões psicológicas, culturais, emotivas, libidinosas, tudo o que pertence à paixão; é evidente que o primado do sistema se afirme por si só e a autoreferenciabilidade torna-se a forma moderna de um neo-iluminismo fundado sobre a extrema manipulosidade do mundo, através da tecnologia. A herança do mito da razão que ilumina é exatamente a idéia de que tudo é manipulável, porque tudo é construível e destruível pela técnica.

A partir disso, a tese sistêmica articula as suas premissas e depois as suas conclusões.

3. A teoria sistêmica e a metafísica da eficiência

A falta de fundamento, isto é, a subtração de toda premissa de tipo subjetivo, a antimetafísica radical de Luhmann, que é considerada uma prova de realismo, termina com a consignação desta teoria a uma metafísica diversa, à metafísica da eficiência.

A eficiência se mede pela capacidade de dar resposta aos estímulos, segundo um critério que é reduzível ao cálculo dos lucros e perdas. Na América, a análise dos custos e benefícios faz-se também em matéria de transparentes; as escolhas trágicas do direito tornaram-se assim o problema da alocação dos recursos humanos, no sentido das "peças de homem", segundo cálculos de conveniência econômica.

A maximização do útil pelo desempenho do sistema, capaz de inovar segundo estímulos internos auto-adaptativos, são as novas divindades do sistema social. O nó dessa colocação é a racionalidade da eficiência, entendida como resposta aos estímulos que vêm do ambiente externo. Ela realiza, na prática, a supressão das dimensões simbólicas que têm caracterizado, ao contrário, a formação da esfera da comunicação social e tudo o que puder na esfera social é (sobre essa base) construído: a idéia de indivíduo, de grupo, de coletivo, de liberdade e de vínculo.

A falta de fundamento, porém, afasta também a teoria sistêmica. Como observa ainda Franco Crespi, a teoria sistêmica não tematiza a própria origem, não consegue tematizá-la e, por esse "expediente", na realidade, oculta a decisão fundamental sobre regras de convivência e, em particular, a decisão sobre o que é o seu mecanismo de funcionamento: " o critério que preside à redução da complexidade". Segundo esta lógica, realmente, os sistemas sociais funcionam controlando a complexidade do ambiente, absorvendo uma parte do sistema, mas reduzindo-a de acordo com as compatibilidades que definem a identidade dele.

Fica excluída a questão sobre a qual opera a redução da complexidade. Não se define jamais quem é o autor dessa redução. Paradoxalmente, essa coincide com a eliminação do objeto específico das ciências humanas, vale dizer, a especificidade humana da escolha: não há mais escolha, não há mais decisão, não mais aquilo que Max Scheler chamava de constituição elementar do "eu", isto é, o poder de dizer não, exprimir o dissenso a respeito de uma objetivação, sobre um determinado sistema.

A supressão do específico objeto humano do saber social é o paradoxal resultado da teoria sistêmica e da complexidade. Vale, ainda mais, o alarmado relevo de Sartre: "as ciências do homem não interrogam sobre o homem; elas estudam o desenvolvimento e as relações de fatos humanos, e o homem aparece como meio significante (determinado por meio de significados) no qual os fatos particulares (estrutura de uma sociedade, evolução das instituições, etc.) se constituem".

Vale a apaixonada advertência de Cassirer: "uma riqueza de fatos não significa necessariamente uma riqueza de pensamento"; se se perde o fio de Ariadne da questão que o homem coloca a si próprio, se se verifica o esquecimento de si, por parte do homem, "encontrar-se-á perdido em uma massa de dados desconexos e desagregados que parecem excluir unidade ideal".

Hoje esse "esquecimento" está abertamente teorizado: a teoria sistêmica assume, a próprio tipo de mérito, a eliminação da pesquisa sobre o homem: "a teoria sociológica dos sistemas sociais considera o homem como ambiente problemático do próprio sistema".

Na verdade, a redução da complexidade que opera no sistema é a que reduz a identidade do sistema ao critério do cálculo econômico monetário. O cálculo econômico monetário torna-se a única forma de visibilidade dos interesses. Os objetivos humanos são visíveis e "representáveis" apenas na forma das mercadorias, apenas na forma do dinheiro; o dinheiro é o que representa como quantidade. Depois vem o resto: a soberania é a garantia da estabilidade da moeda, a defesa da moeda.

Agora, os pressupostos implícitos dessa teoria, o não-dito de Luhmann é esta decisão oculta no critério que limitará a complexidade, critério que reduz a visibilidade social à forma de mercadoria.

A esta conclusão corresponde uma outra premissa não explícita: a ilimitada produzibilidade dos recursos econômicos.

4. A teoria sistêmica e a decisão de "não ver"

Vale a pena insistir sobre esse ponto. Realmente, a teoria sistêmica, que eficazmente teoriza a crise da democracia, é uma técnica com a qual se assume uma representabilidade dos interesses, que consente em ocultar uma outra parte do mundo: de não torná-la visível. Ela esconde, antes de tudo, as decisões irreversíveis, as decisões não compensáveis monetariamente. Se se destrói o ambiente, se se destrói a vida das próximas gerações, na verdade, não basta deixar-lhe de herança um baú de dólares, com a recomendação de gastá-los bem.

Eis aqui a questão: este conceito da decisão de não ver, este invisível apenas evocado, chama em causa uma ulterior reflexão.

Realmente, atrás da não visibilidade, aninham-se duas contradições de fundo da teoria sistêmica. Antes de tudo, não é verdade que o cálculo econômico monetário, isto é, a forma de visibilidade dos interesses, seja extensível ilicitamente. Os especialistas da biologia, da química, da antropologia afirmam que, se se decidisse estender o tipo de modelo social vigente no Ocidente industrializado ao resto do mundo, no giro de poucos decênios, os recursos terminariam. E, se tal não ocorresse, se fossem encontrados recursos alternativos, seja como for, o nível de poluição, a destruição da natureza, a explosão demográfica, etc. seriam suficientes para determinar a catástrofe. A menos que os países em que se sediam os "aparatos fortes" não se coloquem de acordo para eliminar o resto do mundo. Retorna o tema da violência, e a redução da complexidade parece aludir a um destino de morte.

Há, porém, uma outra contradição. A redução da complexidade não torna visíveis os problemas ligados à invisibilidade da vida: o problema do sofrimento, o esvasiamento da identidade pessoal, o problema da diferença sexual, os jovens sem futuro e sem ocupação, a infelicidade difusa nas cidades caóticas, os rapazes que se suicidam porque no sistema do sucesso a qualquer custo até um boletim escolar torna-se uma verificação da própria ineficiência. A técnica sistêmica torna invisível o problema de todos os homens do mundo.

Colhe-se assim o significado real desta redução da visibilidade: a lógica que despreza a democracia, despreza na verdade a coligação e a tensão entre forma e vida; entre sistema e vida. Eis o ponto central, o grande tema do relaxamento da questão democrática: a questão democrática é uma questão vital, que considera a relação entre as razões da vida e as razões do sistema. Não é pensável um sistema que opere em contraste ou independentemente das razões da vida.

Como encarar esse problema das razões da vida? Com novas hierarquias, novos critérios de valores? Uma nova cultura deve ser colocada em campo, e deve ser uma cultura do limite, do extremo, uma cultura que reduza essa vontade de onipotência iluminista, consignada na lógica da manipulação infinita da natureza e do homem: um novo regulador dos limites, novos direitos fundamentais, novas esferas de intangibilidade, novas indisponibilidades, novas concessões da pessoa que "representam" a responsabilidade do singular com o coletivo, com a conservação do específico humano.

Deve-se repensar novas articulações dos poderes, e toda a questão da autodeterminação nas várias esferas sociais, a começar do acesso à informação. Tudo isso não se tornará recurso motivacional se não se chamar a campo a filosofia, a política e a antropologia, se não dissermos o quê e o porquê, quem é o indivíduo do qual queremos nos ocupar e por que queremos nos ocupar dele.

5. A irrepresentabilidade do "feminil"

A questão sexual e a questão feminista explodem de modo clamoroso no curso destes últimos anos, mas é difícil esconder suas raízes antigas. É o que justifica a reedição do clássico Bachofen recordado como patriarcal e matriarcal — a sociedade do pai e da lei, a sociedade dos irmãos que se refugiam sob a autoridade terrestre da mãe — enfrentados como estratégias possíveis da evolução do específico humano. A época do "logos" e do "neutro" inaugurou as estações do predomínio da masculinidade sobre a feminilidade. Até na declaração dos direitos de igualdade e de liberdade não foi julgado inconveniente que a condição das mulheres fosse, tudo somado, a do "poder das chaves", mas sem voz sobre a res publica.

Um escritor "maldito" nos tempos dos acesos debates sobre a emancipação feminina, Otto Weininger, perguntava-se: "que relação existe entre a mulher (e o amor pelas mulheres) e a questão da humanidade em geral? E, comentando Bachofen, assim concluía, de modo total não diferente de um largo senso comum, a sua nota sobre Ibsen:

"Se o princípio da maternidade é comum a todas as esferas da criação telúrica, admitindo a predominância da potência procriante, o homem se desgarra daquele vínculo e toma consciência da sua superior vocação. A vida espiritual eleva-se acima da física, e as relações com as esferas inferiores da criação vêm limitadas a esta última. A maternidade faz parte do componente carnal do homem, e apenas sobre essa base assenta-se enfim a sua ligação com os outros seres viventes. O princípio paterno-espiritual, ao contrário, pertence apenas a ele. A paternidade vitoriosa liga-se evidentemente à luz celeste, assim como a maternidade que dá à luz se relaciona com a terra mãe de todas as coisas".

Certamente, fato é que por longos anos, a "representação" da mulher foi fundamentada na hierarquia da família e que o homem tem a tarefa de "falar" em nome do grupo familiar. A revolução das relações de casal e a dissolução do vínculo familiar ultrapassa esse tipo de mediação dos interesses femininos atribuídos às vozes masculinas. A guerra dos sexos sai do âmbito dos círculos particulares e impõe-se como questão geral.

O "gênero é sexuado", a diferença está inscrita na história biológica e nas formas culturais: o saber não pode ser único. A lógica da identidade é revolvida pela exibição das diferenças como título para uma autonomia da visão do mundo. O problema choca-se logo com o tema do poder e da representação política.

Ainda uma vez o forçamento da lógica identitária é colocado à prova dos fatos e também dos princípios jurídicos: que significa a determinação das mulheres em tema de aborto?

A questão é colocada sobre um terreno cheio de riscos. No fundo, a questão feminista reabre o problema da representação e da antropologia que está latente.

A resposta não é linear, mas assinala uma crise de formas de mediação sobre os sexos, fundada nas relações de casal e no papel central da família.

Homologação (imitação aquisitiva, poder) ou acentuação da lógica da diferença? A questão é aberta, ainda mais que se pensa que a individuação prismática repete a neutralidade da representação política e dilata enormemente a função despersonalizante dela.

De que forma pode exprimir-se hoje a subjetividade política das mulheres? Que representação, diferente daquela até agora consentida, pode receber a presença feminina? E ainda, é pensável para as mulheres uma forma de igualdade que não cancele as diferenças, que garanta antes o valor e a especificidade das diferenças sem neutralizá-las?

Estes são, a meu modo de ver, os termos nos quais a questão feminista pode ser colocada hoje, em uma consciente perspectiva institucional que esteja em grau de superar a cultura da emancipação individual e, ao mesmo tempo, a idéia do "partido das mulheres". Nessa perspectiva, porém, a questão feminina não é diferente, também na sua especificidade, de toda outra questão que se refira à possibilidade de construir uma "representação" — ou, antes ainda um direito de "cidadania" — com a qual satisfazer uma necessidade ou uma exigência, mantendo intacto o sentido da própria individualidade e existência. É desta inerência ao problema geral da representação na sociedade pós-industrial que é necessário ter uma tomada para individualizar a específica dimensão da questão feminista.

Além de toda teorização, a representação significou essencialmente — ao menos a partir da constituição do Estado moderno — direito de participação dos sujeitos proprietários às decisões relativas à "garantia" da propriedade: às decisões relativas à "garantia" da propriedade, no sentido da intangibilidade desta, enquanto construída na forma da lei abstrata e geral, como a relativa à distribuição social dos recursos obtidos com a arrecadação fiscal.

Representação, questão proprietária e forma de subjetividade, parecem-me ligadas a um nexo profundo, que se resolve em uma específica definição da forma moderna de visibilidade social do indivíduo empírico: uma forma que reduz a determinação do indivíduo à determinação meramente quantitativa. A quantidade é o metro da existência. O sujeito empírico moderno, homologado na igualdade formal e na subjetividade jurídica abstrata, sem conteúdo e sem diferenças de qualidade, celebra a própria dissolução na infinita satisfação das suas necessidades (dos seus desejos de posse) no interior da lógica do mercado, meramente aquisitiva, que se estendeu até a "colonizar" todos os âmbitos de vida, também os mais pessoais. O preço da liberação dos vínculos da sociedade hierárquica é a perda da qualidade; o preço da igualdade formal e do direito é a perda do "eu" no universal jurídico sem conteúdos da subjetividade formal.

Se este sistema dominado pelo princípio proprietário exprime também um específico sistema de representação e de visibilidade dos indivíduos, segundo um metro puramente quantitativo (o homem "é" por "quanto tem"), é já possível vigiar o equívoco de certas colocações da questão feminina que tenham o objetivo de quantificar o trabalho doméstico das mulheres, com a atribuição de um salário ou com a transformação deste trabalho em um tema da contabilidade nacional. O equívoco está no fato de que a representação das mulheres, a liberação dos vínculos colocados por uma sociedade que as deixou dentro da família e fora da história, resolver-se-ia, na verdade, na consignação do trabalho feminino à lógica da quantidade e à forma de mercadoria, uma forma que cancela toda específica individualidade.

A rejeição dessa perspectiva de representação reporta-nos imediatamente às interrogativas iniciais e cuida da especificidade feminina em toda a sua dramaticidade. Se o sistema da sociedade jurídica moderna, do direito abstrato e geral, oferece apenas a forma da "representação das quantidades", e não dos indivíduos, e se este sistema é — como de fato é — um sistema machista, um sistema no qual às mulheres foi fixada a esfera invisível da reprodução social, como podem as mulheres ter uma "forma subjetiva delas", diversa daquela que mercadorize o trabalho delas e que as coloque fatalmente em competição com o sujeito masculino?

A presença feminina, efetivamente, representa a imersão de uma outra lógica, de uma outra história, de um outro sistema de regras, diferente daquele que historicamente levou às formas atuais, fortemente marcadas pela influência masculina. O universo feminino exprime uma alternância radical, não registrável nos códigos e nas formas organizativas e institucionais que tenham experimentado; coincide com tudo isso que não ficou dito na história, e por isso — creio — constitui um "enigma" que interroga a história e que nos constrange a interrogar-nos sobre a pensabilidade de formas da subjetividade, diferentes daquelas que conhecemos.

Essas formas, eu as acenava antes, não deixam espaço a uma identidade e, muito menos, a uma identidade feminina. Elas se apresentam no que foi chamado "neutralidade do sujeito geral", e foram construídas à medida em que foram construídas as medidas do homem produtivo (*homo faber*) que se exprime com a atitude de possuir, isto é, na sua qualidade de proprietário. Esta forma de subjetividade proprietária assinala todo o itinerário do Estado moderno, desde a sua fundação, quando a propriedade se apresentava como garantia e identificação de uma casta, na sua forma atual, na qual o princípio da apropriabilidade e da produção ilimitada tornou-se critério de funcionamento do sistema, mas a subjetividade proprietária é seu conteúdo, exprime interesses e necessidades que a lógica do mercado e da igualdade jurídica inserem em um único sistema de cálculo racional.

Pois bem, também se as mulheres ficaram fora desta história, o que esta paradoxalmente lhe oferece é a possibilidade de entrar e fazer parte dela, mas com a condição de perder a identidade individual e de conquistar plenamente aquela subjetividade proprietária à criação da qual as mulheres permaneceram estranhas.

Não é fácil indicar a via para sair da malha desta contradição. A consciência do "sucesso" da produção capitalista, da expansão da lógica proprietária e do princípio da autonomia do cálculo econômico, mesmo se unida à convicção da deterioração de tal experiência, não simplifica o problema com que a questão "mulheres" coincide. É esta, creio, a dificuldade que se coloca: como tornar visível o trabalho invisível que as mulheres desenvolvem na reprodução social; como torná-lo possível "além" da forma de visibilidade que o sistema proprietário moderno conhece.

O risco de uma emancipação que se resolva na perseguição imitativo-aquisitiva pode ser eliminado com a consciência da necessidade de dar forma à diferença assim profunda e radical que caracterizou a nossa experiência humana. Só nesses termos a questão feminista quanto à dissolução do paradigma machista, e da mediação da família tradicional, ultrapassa a forma da representação e evoca um repensamento radical das categorias do sujeito e da individualidade. Apenas nesses termos ela se liga ao evento da dissolução do sujeito e à necessidade — que é uma necessidade vital — de restituir-lhes uma identidade fundada sobre as "suas" diversas qualidades.

CAPÍTULO 7

Raciocinando sobre a crise da justiça

1. Racionalização e crise da forma jurídica

A mediação judiciária foi um dos eixos do Estado de direito. O juízo tornou-se o instrumento para comparar o particular ao geral e o juiz assumiu a parte de árbitro neutro, o terceiro que garantia a coerência desta redução de todo "caso" ao parâmetro universal. Luhmann considerou a jurisdição da contenda uma técnica de neutralização do conflito político e a apoliticidade da magistratura como a salvaguarda dos confins do sistema jurídico e dos seus específicos processos formais.

Os anos setenta assinalam o término dessa concessão. O juiz está imerso no conflito; autodefine-se como o representante dos "interesses exclusos", o último defensor dos fracos, frente a um sistema carregado de desigualdades crescentes.

A análise histórica dirá se foi apenas uma veleidade de protagonismo, ou uma manisfestação evidente da crise do direito tradicional.

Se se pede tudo ao direito, a inevitável impotência dele chama à causa a pessoa do juiz, leva-o, em primeiro lugar, dentro dos rasgões entre abstração neutralizante e a dramática coexistência das razões da vítima e do réu.

O juiz dos anos setenta imagina o impossível: respeitar a forma asséptica da lógica jurídica e, todavia, estar dentro da concreteza inquietante das paixões e das contrapostas razões daquele que for chamado a julgar.

A explosão da criminalidade organizada e a revolta terrorista chamaram-no à luta para a defesa do Estado e o impelem a andar continuamente além da medida da tradicional mediação. A legislação esfacelada coloca-o em frente a um casuísmo sem fim e sem quadro de referência: está enfim quase só em frente aos "fatos" que todavia não consegue mais "conhecer".

Foi dito a propósito de um magistrado mais corajoso, entre os protagonistas do debate cultural e político (refiro-me a Marco Ramat), que a sua imagem evoca a de um moderno Don Quixote.

A figura é emblemática da crise e da inadequação da mediação judiciária tradicional. A comparação é rica de sugestões e pode oferecer um fio interpretativo do evento completo. O juiz, hoje, não consegue mais mediar entre experiência e sistema: como Don Quixote é condenado a seguir um destino continuamente colocado fora da realidade.

As fraturas e as contradições que a ordem jurídica abstrata e geral conseguia encobrir, com sua aparente distância entre abstrato e concreto, vieram à luz; as premissas colocadas emergem como feridas não cicatrizadas. Percorremos esse itinerário.

Giorgio Agambem, em um belo livro, intitulado "Infância e História", atribuía à vitória do "cogito" cartesiano o fim da fantasia e da experiência: o fim da experiência como experiência vivente que se faz, conta-se e auto-representa-se em uma relação contínua com a dimensão da fantasia e da imaginação. Depois de Descartes, a experiência torna-se a verificação da hipótese; tudo é consignado enfim à potência do "logos" e do cálculo matemático; o "domínio da lógica disponente", para usar uma expressão de Gargani, torna-se o signo do domínio sobre a natureza, a abstração e desvio da vontade de poder da riqueza e complexidade da pessoa viva.

E a outra face deste processo de racionalização é o "desvio da vontade". A vontade rompe-se, separa-se da necessidade e da unidade da pessoa, e desloca-se para a infinita perseguição dos objetivos que se tornam sempre mais "fantasmas", objetivos que não satisfazem jamais. Assim se completa, na modernidade, a remoção da cultura das paixões. Segundo Agambem, Don Quixote é uma figura que procura, na forma em que é possível na modernidade, repropor a tensão entre fantasia e experiência, entre paixão e racionalidade, entre conhecimento e aspirações do vivente humano. O desdobramento é até representado nas duas figuras: Don Quixote não consegue "adquirir" experiência; Sancho Pança não consegue jamais "fazer" experiência.

Destarte, o juiz que luta pela justiça e contra os poderes criminais, testemunha esta tensão entre paixão e razão. É um "partigiano" por vocação e contudo constrangido a "conciliar" e a transcender a "singularidade irrepetível" da paixão.

Todo o empenho da magistratura democrática não foi um uso instrumental do direito para a política, mas o empenho que mantinha aberta uma polaridade entre liberdade e ordem. Afirmava a estrada arriscada da representação social do dar voz ao "Outro", ao apolítico, ao não-organizado.

Exprimia uma tensão entre a ordem das formas, que o direito representa, e esta vida não completamente resolúvel nele. A magistratura democrática não foi, como alguém pensou, o braço secular de um partido, mas a expressão de uma socialidade irredutível a sistema.

É uma mensagem que é relida ainda hoje quando raciocinamos sobre a crise da política e a crise da justiça. Se não conseguirmos compreender esta crise — esta última tentativa de alguns juízes que confiaram no sistema — não conseguiremos tampouco compreender por que o direito tornou-se a "doença do nosso tempo".

Assim, parece-me que a crise da política e do direito seja o fim da tensão que representou essa irredutibilidade de paixão e razão dentro de um corpo vivente da figura do juiz. Hoje se proclama, ao contrário, a negação definitiva desta questão, que era talvez o último terreno (nem político, nem puramente emotivo) para compreender o caso e a experiência concreta e para reconduzi-la à "medida" e à "forma".

2. Crise do direito e crise da mediação política

A perda da forma é o sinal da crise da política e o sinal também da crise da justiça. Perder a forma, para a política, significa perder o modelo da cidade, do projeto. O modelo da cidade era a trama das relações que, de qualquer modo, aludia a um "além" da política. E, para o direito, significava perder a regra da convivência. A forma é o espaço da mediação e a polaridade.

Assim , todas essas formas perderam-se. Mas por que se perderam? O sistema incorporou-as: o que é lido como secularização da teologia e do sagrado, na verdade, é a sacralização das instituições e do sistema.

Incorporamos o enigma, dissolvido o mistério da experiência; construímos uma idéia sagrada do Estado, das instituições e do sistema, e eu acrescento, do dinheiro, da tecnologia, etc. E assim surgiu o art. 3 da Constituição: a referência à igualdade substancial é o sinal de uma dinâmica, de uma tensão irredutível. Hoje, ao contrário, incorporamos a igualdade substancial na igualdade formal, deformando a função de limite, ao qual o direito não pode renunciar.

Vamos porém de forma ordenada: crise da política. A política perde a dimensão metapolítica que acompanhou sempre a história da esquerda, com alusão também a um projeto de vida, valor constitutivo de um outro horizonte histórico, e, em seguida, crítico da ordem existente e procura de um *"nomos"* para o homem, não para o sujeito. Perdeu essa dimensão, mas conserva o caráter onívoro; também o dilatou, tornando um mecanismo do sistema.

Estamos atribuindo tudo à política e ao direito: desde o nascimento à morte. Estamos nos dirigindo para uma maciça objetivação e institucionalização e, contemporaneamente, a uma jurisdização.

A política, que se torna a "grande administradora do existente", é, entretanto, a outra face do processo de mercadorização, já que a política está a ponto de tornar esse sistema onívoro, atingindo os ângulos mais remotos, reduzindo tudo à sua visibilidade, apenas porque se transforma de um projeto metapolítico da cidade, modelo de cidade, à tecnologia da alocação dos recursos econômicos, à racionalidade da eficiência, essencialmente à atividade atributiva de dinheiro.

A expansão da política como resolubilidade técnica dos problemas, como resposta às necessidades, é a outra face da lógica da extrema manipulosidade da natureza, da mercadorização de tudo o que está expresso pelo indivíduo, da idéia (que enfim domina) da ilimitada confiança na técnica (a tecnologia até como grande conferente do sofrimento humano, como instrumento que define os limiares do sofrimento tolerável).

3. A diferenciação funcional e o resíduo invisível

Como sobre a vertente da política, a política se administratiza, assim sobre a outro vertente a justiça se deforma, torna-se "substancial". Persegue esta lógica atributiva, mas também vai de encontro a dois embates. De um lado, evidencia-se a impossibilidade de uma tutela jurisdicional dos desejos sociais: não se poderá jamais jurisdicionar o direito à moradia, à saúde, os chamados direitos sociais, mesmo porque passam pelas relações de força e mediação administrativa. Do outro, um economicismo de fundo está reduzindo o jurista a um técnico de análise dos custos e benefícios. Grande crise do formalismo, então, mas também sua consumação, porque nessa complexidade proteiforme, neste esfacelamento, dimensão do múltiplo, tudo vem reduzido a necessidades que podem ser satisfeitas à apropriabilidade de desempenhos, a instituições, àquela que é chamada a diferenciação funcional: tudo pode encontrar um baú em que colocar-se. À crise da grande mediação política e jurídica corresponde uma hipermediação parcelizada.

Note-se bem: entre a "diferenciação funcional" (que é uma falsa multiplicidade) e a "cultura das diferenças", há um abismo. A diferença funcional é uma diferença relegada à zona do fato e, portanto, da experiência sem forma; é uma multiplicidade de estratégias colocadas à disposição, as quais apenas estabelecem a possibilidade de mover-se como em um tabuleiro de xadrez, de um lugar para outro.

A cultura das diferenças nasce de uma tensão, de uma irreduzibilidade: a diferença não é reconduzível ao homogêneo, nem se deixa engaiolar-se na continuidade. É feita de permanente desestruturação, de contínua remessa de discussão do homogêneo e do unificante. Esta tensão das diferenças, ao contrário, resolve-se na articulação do sistema que enfim é a nova unidade do social. A polaridade traduz-se nos subsistemas: subsistema da justiça, subsistema da política. E parece, efetivamente, desaparecido todo problema que se refere à tensão entre sistema e vida; resolveu-se no problema da compatibilidade e incompatibilidade entre os diversos subsistemas.

Há quem anteveja um futuro do direito que se torne realmente um direito reflexivo, auto-referencial, como diz uma importante corrente de pensamento alemão: um direito criador de procedimentos de adaptação, de compatibilidade interna aos sistemas e não produza mais nem forma, nem justiça substancial.

Realmente, o direito não é mais o garante da unidade, do politeísmo dos valores. O grande unificador é o sistema, mas este sistema é, enfim, auto-referencial, absolutamente indiferente ao mundo da vida. Nem a soberania dos homens, nem a regra partilhada oferecem mais qualquer fundamento externo. Este é o ponto do presente com que devemos fazer as contas. Como e quando se produziu esta transformação? Tudo isto aconteceu porque toda tensão entre individual e geral, entre experiência vivida e racionalidade calculista, ficou reduzido a conflito redistributivo, a questões de apropriação de recursos e distribuição de recursos econômicos.

Por exemplo, os partidos modernos, que cresceram nesta redução da política a conflito redistributivo, mas também sob uma forte caracterização e tensão ideológica, são agora essencialmente "aparatos" que produzem intervenções setoriais e programas condicionais.

A secularização da política é um dos danos mais sérios que aconteceram nos últimos anos, já que não é possível ser expressão de um projeto sem, de qualquer modo, evocar a idéia de um "além" não reduzível a um puro cálculo do existente, de uma razão de vida melhor.

O sistema incorporou os partidos, incorporou também o sujeito formal do direito igual: eis porque o sujeito desapareceu e desapareceu o projeto. Contudo, além do sujeito formal, o que permanece? Permanece tudo o que resta visível desse sistema. Há um mundo de invisibilidade que precisa encontrar e que precisa, de qualquer modo, ler através das contradições da vida cotidiana.

O invisível é exatamente o outro, a alteridade: o que vem depois do sistema é exatamente o mundo das diferenças qualitativas. Este mundo invisível é, todavia, materialmente presente nas dobras da vida cotidiana; refiro-me aos órfãos de que falava Rosana Rossanda em um artigo do "Manifesto" sobre crianças que se suicidam, refiro-me a tudo isso que, de qualquer modo, alude a uma vida destituída de valores. Este mundo invisível é um mundo com referência ao qual o direito tinha uma tarefa: a de indicar um limite, a de garantir uma autonomia. Por quê? Porque neste invisível concentra-se tudo o que não é político, o que não é esta política, que não se deixa reduzir ao "presente".

Quero reclamar, para encerrar esta breve reflexão: a esquerda foi sempre a expressão de uma política, mas também de uma metafísica.

Recordava De Giovanni que em Marx está bem presente a crítica da vontade de poder e, em seguida, a crítica da política e do Estado; está presente como necessidade de andar além do horizonte da política, como metapolítica.

Em nome do quê? De um costume que é produção e reprodução da vida. Além da política, há a vida, que não será jamais reduzida ao sistema. Diz justamente De Giovanni: é a idéia regulativa, um ponto que remete sempre a um além. Eis aqui, consoante meu modo de ver, que se pode procurar uma ética da função do direito como direito que limita a vontade de poder, que conserva o limite e a distinção que recorda a parcialidade e o esmero de ser homem.

CAPÍTULO 8

O ocaso da cidade

1. A cidade inospitaleira da sociedade massificada

"A inospitalidade que se vai estendendo nas novas zonas urbanas é oprimente", escrevia Mitscherlich.

E promovem-se grandes convenções sobre novas dimensões da habitação e os novos horizontes em que se inscreve a relação entre homem e ambiente na época da eletrônica e da informática: "Physis: habitar a terra" é o título de um volume que agrupa as contribuições de dezenas de estudiosos, decididos a definir as condições de uma nova aliança entre homem e natureza.

Hipotetiza-se um planeta de milhares de homens disseminados nos "subúrbios" e reunificados pela interdependência sistêmica e pelas novas "mídias": um espaço sem limites, vivido como pura velocidade das colocações.

As habitações parecem não ter a mínima relação com os habitantes. A casa parece desmontar-se. "Habitar" não é mais possível: "morar" enquanto permanecer, estar em casa, não se dá mais para um "viajante", escreve Ilardi, um estudioso da questão urbana, e continua com tons apologéticos: "no espaço metropolitano, a identidade não é mais dados ou inscrição de alguma parte: é construída pela mobilidade, pela velocidade, pelo consumo".

As cidades não são mais as janelas sobre o mundo de Vittorini, mas aglomerados opacos e uniformes. Uma grande remoção emotiva da tradição da cidade se verifica. Que coisa se perde, perdendo a cidade?

A cidade nasce como lugar de identificação coletiva e de auto-representação, ou seja, também como lugar de auto-identificação do particular. Isto se realiza, por exemplo, através da personalização do espaço urbano, que é, ao mesmo tempo, a imagem estruturada dos valores e dos vínculos comunitários (visíveis no estilo dos palácios, nas cores das alfaias) e o lugar da distinção do relacionamento entre o particular e a comunidade (conformidade e desconformidade com referência àqueles valores). Menciono do "Fetiche Urbano" de Alexander Mitscherlich: "os homens criam na cidade um espaço para a vida deles. E todavia tal configuração urbana determina o caráter social dos habitantes. A cidade escreve e prescreve, ordena e estipula". Rousseau, porém, tinha escrito: "o que somos, nos tornamos graças a Paris".

A cidade responde, nessa visão, a uma exigência típica do desenvolvimento da civilidade humana. O assentamento em uma terra comum é a delimitação dos espaços de auto-realização; os muros da cidade designam o confim externo, são o símbolo da elaboração coletiva dos vínculos de solidariedade e de defesa, do que garante a vida de todos; a casa é, ao contrário, o lugar da privacidade e da intimidade, a distância do particular em relação aos vínculos comunitários, que entretanto é possível só dentro da salvação dos muros.

Construindo as cidades, os homens extirpam a terra do domínio incontrolado das forças naturais e da insociabilidade da região campestre. Heidegger diz que "os mortais habitam quando salvam a terra..., quando conduzem o próprio ser na conservação e no uso". O "ser" em casa própria é conviver em um espaço coletivo organizado para o uso comum e para o encontro com os outros. A cidade é pátria e casa.

A idéia de pátria como assentamento, como espaço humanizado através da construção de uma praça ou de um monumento, representa a continuidade da identidade coletiva, a tradição, o costume. A casa é, ao contrário, o lugar da personalização da habitação. Esses dois pólos da dialética urbana fazem dela o lugar privilegiado de realização do valor de uso. A cidade se constitui, de fato, não só como sistema de objetos (gás, transportes e outros), mas, como centro de relações pessoais duradouras, como as de vizinhança ou de bairro, e portanto como centro de comunicação afetiva. Nos símbolos das cidades (estradas, praças, jardins) deposita-se um enorme valor de uso coletivo.

2. Industrialização e transformação da cidade em um sistema de objetos

Com o advento da indústria, a identificação afetiva da cidade fica marginalizada. A forma das mercadorias coloniza o espaço urbano. Benjamin, observando a Paris da Exposição Universal dos Novecentos, descreve-a como o momento de "intronização da mercadoria". A cidade torna-se funcional à indústria que reorganiza o espaço urbano como estrutura de serviços às empresas; as construções exprimem funções colaterais à empresa: reserva de mão-de-obra, dormitórios periféricos, centros de comercialização, lugares de consumo.

Com a difusão da ideologia produtivista, as cidades tornam-se um "Estado Social" em miniatura: de um lado, respondem às exigências de segurança e de assistência, mas, do outro, tornam-se contrapartes do processo produtivo do sistema das empresas. Isto impede de fazer da cidade o lugar de organização do saber, de formação dos trabalhos e do desenvolvimento das relações humanas e afetivas: em suma, o lugar de governo do humano, em face da despersonalização e da abstração da produção capitalista.

As cidades tornam-se sempre mais um escritório de distribuição de empreitadas e de bens financeiros às empresas. A cidade se redefine como território econômico, como lugar no qual se conexionam funcionalmente indústrias e terceirização, em uma complementaridade produtiva, de modo a facilitar a propagação empresarial. A cidade se transforma em um sistema de objetos abstratos, perdendo definitivamente a possibilidade de tornar-se o lugar no qual se realiza a "identidade afetivo-emotiva de uma coletividade". A cidade dos objetos ao posto da cidade do trabalho, onde tudo é mercadoria, onde tudo é troca. O ambiente social, isto é, a esfera das relações interpessoais que constituem a identidade de uma coletividade, desaparece em fronte ao processo de mercadorização. A cidade torna-se aglomerado urbano. O uso comercial e até turístico do espaço coletivo é o primeiro reflexo da mercadorização.

Também a casa torna-se pura exibição, exteriorização sem conteúdo. Como escreve Mitscherlich: "a aldeia dos subúrbios não é a exibição da extravagância e do poder pecuniário". A dependência do grupo nas velhas comunas citadinas produzia — através das invenções arquitetônicas, as plantas urbanas, os palácios, as praças — a estabilização e o afinamento das individualidades nas camadas sociais dirigentes, e uma forma de consciência edificadora coletiva.

A casa unifamiliar, precursora de desventuras, em que há encontro sempre mais longínquo na paisagem periférica é, ao contrário, a quintessência da irresponsabilidade cívica e da manisfestação do egoísmo desenfreado.

Na verdade, também as escolhas urbanísticas e as formas de habitação são determinadas da contraposição de diversas tendências evolutivas. A sociedade consumista promove a escolha narcisista do objeto. Essa escolha, por sua vez, favorece o isolamento dos indivíduos.

A entronização da mercadoria e da lógica do consumo desenfreado instituiu enfim a primazia da avidez sem limites: a relação com o "outro" foi abolida.

O indivíduo que deseja uma casa própria (como manutenção de identidade) é porém sem "palavras": não está mais em condições de revestir de palavras as próprias necessidades. Se não se apóia a ideais, a limitações, de grupo, não lhe é possível esclarecer nem a si mesmo. "Por demais profundo" — afirma ainda Mitscherlich — "é o abismo entre a crença de que na nossa sociedade, altamente industrializada, cada um seja patrão de si mesmo, de um lado, e a submissão das questões sob as leis da economia, do outro; e muito forte a relutância emocional em examinar, sob tal abismo, para que possa surgir uma forma de expressão que traga a exigência da individuação emotiva a manifestar-se em uma forma diferente da dominante".

3. Crise da cidade e anomia social

Esse processo geral de despersonalização da realidade urbana tem conseqüências enormes.

A gente não se encontra mais em nenhum lugar e, de outra parte, não havendo lugares e identidades coletivas, não há sequer identidade individual. Riesman, para definir o "qualquer habitante da cidade moderna", usa o termo "personalidade transitória". É esta a condição do homem que habita as nossas cidades conquistadas pela lógica da despersonalização, da mercadoria e do consumo. É o homem de uma alienação muito mais pesada e do total respeito à lógica puramente econômica. O novo personagem da cidade, o "habitante qualquer", é, realmente, um homem sem rosto. O risco é a total destruição do intelecto crítico coletivo. A cidade torna-se uma grande instigadora de discórdia. Todos tendem à conquista de objetos de consumo de modo sempre mais maciço e frenético.

A cidade torna-se violenta, oprimida pelo tráfico, pelo turismo massificado, etc. E, de outro lado, produz-se uma fonte de adaptação coletiva, para o que cada um pensa que esta invivibilidade refere-se só ao externo e que privadamente se possa ainda salvar.

Na verdade, as cidades estão doentes e a doença é epidêmica: não poupa quem quer que seja. Basta pensar nas "misteriosas" doenças assim ditas auto-imunitárias que golpeiam os anciãos. Os esclarecidos dizem que essas doenças explodem porque a vida média é aumentada. Entretanto, mais a vida se alonga mais perde valor. A condição de solidão dos anciãos na cidade é espantosa.

Ou se pensa nos distúrbios da linguagem das crianças. As crianças da cidade são tratadas não como prole de homens, mas como bonecas, circundadas de adultos infantilizados, que, da experiência deles, vivida na cidade, foram prejudicados ao ponto de não saberem sequer de qual ambiente necessita o homem, para não se transformar em um mendicante de indenizações e de pensões. Por que não deveriam tornar-se violentos, sádicos, destrutivos, dedicados ao álcool ou às drogas, uma vez que "enlouqueceram" de solidão?

A criança é ainda pobre de uma eficiência espiritual superior: em ampla medida é um ser lúdico, determinado pelos instintos. Por isso, tem necessidade do quanto se lhe assemelha e lhe convém, isto é, de animais, de gêneros e coisas elementares, água, espaço lúdico. Pode-se fazê-la crescer também sem tudo isso, entre tapetes e animais de plástico ou sobre o asfalto das estradas e dos pátios. Sobrevive, certamente, mas não se deve pois maravilhar-se se não aprender nunca mais determinados comportamentos sociais fundamentais, como por exemplo, o sentido de pertencer a um local, e será assim privada de iniciativa: para ter impulso, é preciso arrancar o pé de um lugar firme, ter adquirido um sentido de segurança.

Trata-se, substancialmente, da destruição e da devastação do social, de um sistema que priva o social da capacidade de produzir símbolos e formas de comunicação coletiva e, portanto, vínculos morais e políticos, para cuja formação todos concorrem. Este mecanismo destrói a democracia política, porque impõe as condições para impedir o controle e a participação coletiva na elaboração da identidade de uma comunidade.

Assim se produz também o entrelaçamento entre degeneração que torna opaca a dimensão coletiva da vida e criminalização: são dois elementos contíguos que configuram a nova violência urbana. Em um contexto geral, no qual a vida perde sempre mais valor, os valores dominantes são o dinheiro e o sucesso. O indivíduo não escolhe e não controla a própria identidade e torna-se sempre mais agressivo. Eu, contrariamente ao que se diz constantemente, não considero a máfia como causa da degeneração, mas como a sua conseqüência. A destruição da dimensão coletiva produz como ulterior conseqüência o ocultamento dos poderes e, portanto, a penetração dos potentados econômicos no governo do território urbano.

Na configuração da cidade, surgem três fenômenos: a financeirização e portanto o papel da concentração financeira, a questão da renda urbana e a especulação imobiliária. Esses três elementos assumem, pois, nome e cognome, tornam-se personagens e grupos que conquistam a cidade e se entregam ao capital produtivo. Esses nomes fazem entender que o processo aparentemente predestinado da terceira revolução industrial e da terceirização avançada é, na realidade, um processo gerado no interesse de uma facção da sociedade. Só resta desmascará-lo.

Os novos poderes expropriaram os habitantes da cidade: eles são enfim os sem-pátria e sem-casa.

CAPÍTULO 9

Além da questão moral

1. Os paradoxos da moral

Quando Karl Lowith escrevia que o tempo presente é o tempo do consumo do tempo, em que o passado e o futuro se perdem em um presente infinito, sem espessura e sem qualidade, afirmava uma coisa terrível: tudo se consome sem deixar traços, nem significado. As palavras e as imagens são queimadas no momento em que se produzem.

É quase impossível pronunciar frases e fórmulas sem sentir imediatamente a inadequação delas e sem sentir o terrível risco de perdermos toda eficácia comunicativa. Por exemplo: a palavra "moralidade", seja referida aos comportamentos individuais, seja aos coletivos políticos e sociais, é agora impronunciável, não obstante o grande uso que fazem dela os livros e os jornais, os grandes "fazedores de opinião".

Fala-se tanto de moral e de virtude e se propõem verdadeiros e próprios catecismos laicos plenos de lembranças edificantes sobre o altruísmo e sobre o amor ao próximo.

A "questão moral" é afirmada como prioridade nacional por todos os líderes políticos, por jornalistas que fazem opinião, por aqueles mesmos intelectuais que no passado assumiram ironicamente a distância dela.

Estamos no consumo das palavras, na perda do sentido próprio, porque todos falam delas e, entretanto, nada acontece que deixe imaginar a quais fatos precisos ou comportamentos se quer aludir com esta fórmula e com estes conceitos.

Mesmo assim, ocorre uma mobilização geral de argumentações persuasivas e plenas de razões.

A filosofia acadêmica esforça-se em encontrar novas medidas da moralidade pública ou propondo uma volta ao antigo conceito aristotélico de virtude, filtrado através da sofisticação da teoria analítica, ou apoiando-se explicitamente sobre a força persuasiva da argumentação, uma vez que o argumento melhor se possa impor pela própria evidência.

Realmente, após haver carregado a consciência da intencionalidade, da responsabilidade e de todo conceito ou figura ligada à visão tradicional da autonomia do sujeito, parece que não haja mais nada em que se fundar regras de conduta vinculante, afora a força coativa do Estado que as faz observar.

A moral que conhecemos era ligada à filosofia do sujeito e não pode deixar de seguir a sorte dele.

É necessário admitir com franqueza, como estão dispostos a fazer alguns estudiosos mais jovens e menos preocupados com complacências acadêmicas (por exemplo, Bottiroli), que hoje, na época da debilidade da razão, a ética parece provisória, essencialmente, por necessidade ou por destino: em todo caso, a sua pretensão de justificar a validade de uma ação é "local", efêmera, derivante de uma razão nada mais que persuasiva.

Como de costume, tem o preço de um maior realismo a visão desencantada de Luhmann, segundo a qual a moral na sociedade moderna ou se resolve no paradoxo dos motivos oportunísticos, com o que se procura obter a estima de outrem, ou coincide com a funcionalidade dos papéis sociais e com as regras da comunicação sistêmica, entre expectativas e respostas objetivas, na estratégia do agir.

Na verdade, se o motivo da ação torna-se a procura da aprovação e da estima de outrem, é a "catástrofe" da moral. Como diz Luhmann, "quem tem necessidade de um motivo extrínseco para salvar a própria auto-estima, não pode mais esperar que seja estimado. Para dizer de forma marcante, quem procura conquistar estima e vê nisso o seu escopo, merece desestima".

E de outra parte, além do código sistêmico das expectativas objetivas nos papéis sociais, não se vê sob qual forma de comunicação poderia instituir-se a "expressão" da própria moralidade. A procura de estima reiterada soa como a mensagem de um vendedor de ovos frescos ("ovos frescos garantidos, ovos fresquíssimos"): é preciso rompê-los para se ver o que há dentro.

A comparatística social, continua Luhmann, pertence ao plano dos papéis, de maneira que as pessoas, enquanto indivíduos, tornaram-se moralmente incomparáveis. Apreciação e estima são confiadas à "objetivação das condições", com base nas quais a interconexão sistêmica dos papéis torna atendível o provável, a expectativa de reconhecimentos.

Os parâmetros da moral em uma sociedade complexa são os padrões de comportamentos que definem os papéis do funcionário eficiente, do juiz imparcial, etc., referentes aos quais os "motivos" não podem oferecer qualquer critério sério de juízo sobre qualidades morais da ação.

Os sistemas funcionais, realmente, proclamam, por si mesmos, pensamentos — guias absolutamente amorais, como razão de Estado, lucros, eficiência.

De que modo agora é possível ainda falar da questão moral como de uma discriminante, como um ponto de encontro e de distinção?

Como falar de questão moral sem cair na declamação retórica ou sem abandonar-se ao sentimento de impotência, frente a uma imponente fenomenologia de corrupção e de violência?

2. Os processos de adaptação e a ideologia do consumo

De fato, quando se propõe a reabilitação da moral pública pelo racionalismo e pelo diálogo, para oferecer o "motivo" melhor para a ação justa, cumpre-se não só uma obra de mistificação, mas se acaba em não se enfrentar o verdadeiro problema que está à frente.

Aconteceu um fato novo e inaudito: a aquiescência, para não dizer consenso, que, no fim da maioridade da população, terminou por se prestar ao próprio sistema. Depois de uma primeira reação de desgosto e de impotência, a grande maioria terminou por aceitar as regras desse jogo selvagem em que se troca proteção com obediência para se obter alguma vantagem pessoal. No sentido comum, difundiu-se um sentimento de renúncia à idéia de que o sistema possa ser trocado e até apagado o desejo de trocá-lo.

Não está escrito em parte alguma que liberdade, democracia e solidariedade sejam sempre palavras mobilizantes; também elas estão sobrepostas à usura e à retórica.

Definitivamente, também nas nossas cidades degradadas e no Sul miserável, as despesas de consumo não alimentares atingem níveis inauditos, superiores aos de outras cidades européias. O americanismo, na nova versão do hedonismo e do sucesso individual a qualquer custo, penetrou no sentido comum, modificando profundamente os parâmetros do significado da vida. A modernização continua a ser vista como acesso fácil ao consumo, como disponibilidade de dinheiro, como sucesso pessoal. A ideologia do bem-estar como puro fato econômico, como idéia da competição e até da salvaguarda dos outros, desestruturou os vínculos de atribuição e as antigas identidades culturais também nas realidades mais populares dos quarteirões da periferia.

E não é ilógico que um sociólogo de esquerda apresente os processos que golpeiam a realidade urbana e até uma cidade como Roma como uma etapa da modernização. Fala quase textualmente: caíram todos os confinamentos e as distinções tradicionais entre periferia e centro, entre cidade legal e metrópole abusiva, entre primeira e segunda sociedade. Para os "novos bárbaros", até agora constrangidos, recolhidos, marginalizados nas reservas periféricas, além das quais não era lícito empurrar-se, o mundo se transmuda em fronteira móvel e incerta. O novo espaço está agredido, cortado, decomposto, desarticulado em todos os sentidos. Esse "lançar-se em viagem" promete aventuras, alegria e poderes e, ao mesmo tempo, destruição de tudo que conhecemos e somos. Essa é a primeira modificação que nasce de baixo, escreve Massimo Ilardi, os homens novos não são abastados burgueses, nem revolucionários de profissão, mas aventureiros de periferia, que levam à cidade o inferno dos desesperançados, os institutos elementares da fome, do sexo e do dinheiro. Não têm cultura, porque vivem em uma perene atualidade; à crise dos valores tradicionais opõem a força de uma incultura que está habituada a dar fôlego sem indulgência a qualquer sonho e desejo. A liberdade é, por isso, liberdade de consumo, de atingir o supérfluo, de trocar, não segundo a moral e a consciência, mas segundo a moda e os modelos de opinião. Modernização e individualismo de consumo se entrelaçam na época da terceira revolução industrial, de modo completamente peculiar.

Verdadeiramente, seria necessário demonstrar que a liberdade da nova modernização, apresentada, assim, constantemente de modo apologético, é uma grande mistificação: assemelha-se à apertura da sala de convívio dos servos, depois que os patrões se foram. Esta aparência de bem-estar acessível a todos, de liberação absoluta dos consumos supérfluos e mais extravagantes, esconde a reconstituição de outros potentados, de outras hierarquias, que se encontram facilmente, subindo as colinas da cidade ou as praias do mar, olhando as cidades faraônicas dos novos ricos controlados por um exército de mercenários; os novos potentados que dominam o gosto, o estilo de vida, a informação. A nova cultura dos habitantes da periferia, aparentemente liberados da velha distinção de classes, esconde ainda mais a pobreza das relações interpessoais, a falta de perspectiva, a perda de identidade de inteiras gerações que reduzem todas as suas necessidades de futuro à fantástica cavalgada sobre uma motocicleta japonesa. É exatamente nessa realidade que a vida perde valor, que se pode ainda decidir a matar sob pagamento de uma pequena contraprestação, que se pode organizar um "racha" a dano de mulheres inermes e anciãos vacilantes. Aqui se encontra o testemunho mais cru e enregelado de que o problema vai bem além da dimensão da corrupção política e da poluição mafiosa e atinge diretamente um dos nós da existência: a capacidade de uma identificação autônoma, o sentido de si e da própria criatividade, a responsabilidade de não se deixar homologar por nenhuma ideologia e nenhuma mensagem publicitária.

É sobre este terreno que se pode colher a mesada e o significado da ofensiva neo conservadora, que tende a afirmar o primado do utilitarismo econômico, através do individualismo de massa.

A mitologia do bem-estar econômico como fim em si mesmo, a mistificação da liberdade como pura luta para o sucesso material, são a base da redução da política a pura troca entre um voto e um favor, entre consenso e realização imediata de um desejo extemporâneo. Essa permissividade ideológica do sucesso econômico, da realização de todo desejo, custe o que custar, da lógica dos negócios e da troca, estão na origem de uma política que se tornou pura gestão de interesses particulares, que renunciou deliberadamente ao que foi, no passado, a conotação da grande política: um projeto para o futuro, a perspectiva de uma sociedade melhor, mais justa e mais livre, baseada na emancipação do indivíduo das necessidades e condicionamentos sociais e naturais. A política como negócio, como comércio, é outra face da liberdade entendida como consumo, como satisfação instantânea do desejo.

Recordava Massimo Cacciari que a grande política é capacidade de controle do tempo da vida, capacidade de bloquear os interesses imediatos e de postergar a satisfação para um momento futuro. A política atual não tem outro tempo além do presente; é uma política sem valor, porque não tem projeto fora da conservação do poder existente.

3. Cultura do limite e sobrevivência do "específico humano"

Diante disso, não servem e não bastam as morais sociais construídas sobre a mitologia do progresso e do superior interesse coletivo ou de uma genérica e paternalística solidariedade para com os mais débeis. Ocorre uma ética dura, baseada numa análise rigorosa da realidade do nosso tempo, sobre uma clara determinação da colocação em jogo que os homens dos anos "dois mil" deverão enfrentar; uma ética imanente na estrutura do "específico humano" junto a este ponto de evolução biológica e cultural: sem transcendência e sem inquietantes convencionalismos.

É realmente necessária muita coragem para procurar fazer frente, de modo não desgastado, aos temas do respeito à vida e à dignidade sem cair na ratoeira da transcendência ou do puro formalismo. Bloch tentou a via do "absoluto terrestre", fazendo alavanca sobre a física e sobre a ciência moderna que proclamam a idéia do limite e da perfeição.

A física da relatividade, diz Bloch, envia o homem à terra e lhe impõe salvá-la de ulteriores transformações que a mudam para uma paisagem industrial adornada "pelas estacas dos campos de concentração".

O absoluto terrestre, contínua Bloch, proclama a iliceidade da submissão do homem por parte de um outro homem, não em nome da moral ou de outras fundações metafísicas, mas porque o homem é um ser terreno, biológico e psicológico. É pouco, mas indica um caminho de pesquisa que vai além dos limites das argumentações tradicionais. Pode valer a pena, então, ver até onde é impelida a lógica do cálculo econômico, do sucesso e do dinheiro, para verificar o que "ficou fora" e, de qualquer modo, pode ser "nomeado".

É necessário retomar a análise das contradições práticas materiais ínsitas nesse desenvolvimento e nessa cultura do bem-estar que parece dominar, sem discussão, a cena.

Os entendidos nos dizem que se as condições do bem-estar, de que desfruta um quinto da população mundial, fossem estendidas parcialmente ao resto do mundo, seria inevitável uma "catástrofe" no final de alguns decênios, seja no plano da poluição, seja no plano da explosão demográfica, seja no plano do exaurimento dos recursos. Aqui a ética pode encontrar uma borda na questão das formas e dos modos da sobrevivência da espécie. Se realmente não pudermos corrigir a política no terreno de uma ética que firme apoio sobre a responsabilidade de cada um para a sobrevivência da espécie humana no planeta, não poderemos evitar que a violência mais brutal e selvagem termine por ser um único regulador das relações entre os povos. Guerra, carestia, genocídio são perspectivas realistas.

Quando a violência se torna de novo o único regulador da relações de força, ninguém pode se salvar sozinho, ninguém pode escavar um vão para esperar que o dilúvio passe. O sistema das interdependências mundiais, como foi dito, torna assim única a história e único o destino dos povos. Não é possível iludir-se de que o degrau do terceiro mundo, ou das populações africanas que nos são mais vizinhas, não acabe em refletir-se sobre nossa vida cotidiana. Como os entendidos disseram, há um efeito de retrocesso, que termina por atingir as áreas mais avançadas e mais fortes do desenvolvimento econômico.

A questão do respeito à vida e à dignidade pode ser talvez proposta como questão da responsabilidade de cada um para si mesmo e para com as gerações futuras.

Uma "ética do limite", baseada na auto-reflexão e consciência de si, que transforme o ilimitado desejo de posse de bens materias em uma nova necessidade de criatividade e de construção da "pessoa".

Não o velho personalismo baseado sobre o pretenso privilégio de uma alma sustentada pelo espírito criador, mas uma "pessoa radicada" na história da terra, na antropologia e na base em que se estruturou o processo evolutivo da espécie humana. Uma pessoa "em carne e osso" que mantenha uma relação decisiva com o tempo, com a dimensão do nascer, do viver, do morrer, que saiba comunicar-se com a tradição das várias culturas e entender a linguagem misteriosa do que Ingrao chamou o "vivente não humano".

Sei bem que tudo isto não é realmente descontado e que ocorre uma grande decisão para se assumir a responsabilidade de andar contra a corrente. Esta decisão é ainda viável, se tivermos, todos juntos, a força de desenvolver e de difundir a consciência da invivibilidade do presente e das misérias a que são condenadas as nossas relações e nossas vidas; se tomarmos consciência do brilho de uma vidraça e da opulência exibida por um vazio profundo do futuro, por gerações inteiras de jovens que acumulam frustrações e inseguranças, referentes ao sucesso ostentado.

Contra a imoralidade do "pensamento moral", que continua a alçar-se sobre a retórica da razoabilidade de pontos de vista, das filosofias da verdade discursiva, ligada à pretensa vocação universalista da linguagem ou à glorificante visão de um contratualismo onicompressivo, é preciso afirmar a "dureza" da experiência cotidiana, além da aparência da uniformidade silenciosa e da comunicação estereotipada. Ocorre a reação, com força ao narcisismo infantil de quem se abandona à exterioridade do sucesso e da infinita repetição da própria imagem, e convencer-se de que o problema ético coincide com a sobrevivência do "específico humano", com a consciência da própria irrepetibilidade e da vocação universal, que é inscrita na estrutura do nosso organismo vivente, no "destino" do nosso corpo e na nossa mente.

O discurso deve deslocar-se necessariamente sobre um plano diverso da atual revisão moralista.

QUARTA PARTE:

O EGOÍSMO MADURO

CAPÍTULO 10

Invivibilidade e crítica do presente

Por esse caminho, é talvez possível instituir um ponto de vista crítico. É necessário decidi-lo, e colocar-se em uma posição de distância, de descontinuidade. É necessário preferir "ver" o acúmulo de massa crítica além do sistema. Existem índices de acúmulo de massa crítica nesta sociedade? Segundo eu, sim: é uma sensação difusa de invivibilidade.

Essa afirmação pode parecer um nítido contraste com a evidência do "homem resignado" de Horkheimer, dos processos adaptativos que são assim minuciosamente descritos na literatura sociológica sobre comportamentos operários.

Sustentar a invivibilidade do presente é, por isso, uma afirmação por certos aspectos gratuita e indemonstrada.

Limito-me a fazer algumas considerações para desembaraçar o campo, por parte de possíveis equívocos.

É um banal lugar-comum dizer que a vida é um valor em si e que constitui a base de um direito universal e natural. Deixando de lado as atrocidades que se cometem continuamente em nome da vida, para melhorar (dizem) as condições materiais, permanece o fato indiscutível de que a vida é, para muitos, um peso para ser suportado, um túnel sem uma saída visível, um enigma para decifrar dolorosamente através da experiência do luto.

Se essa convivência não for difundida a nível de massa, existem certamente muitos indivíduos que "sentem" a vida como uma situação em que incessantemente ocorre decidir "continuar" e esta sobrevivência não é realmente descontada por muitos jovens, mulheres, homens do nosso tempo.

O problema do peso e da escolha de viver estão radicados na "estrutura profunda" de cada indivíduo vivente, e se exprimem na urgência existencial de elaborar a própria individualidade e a própria relação com o destino de ser vivente, vindo ao mundo por vontade e decisão dos outros. Esse problema decisivo é hoje neutralizado pela difusa trama institucional que regulamenta desejos, paixões e pensamentos, e que impede a mesma expressão do problema de tomar posição sobre a vida, de decidir viver, de continuar: nascimento e morte estão para ser consignados definitivamente à disciplina jurídica e à manifestação tecnológica.

O sistema é, realmente, por estrutura intrínseca, uma enorme coação para repetir e destrói, por isso mesmo, toda tentativa de recolocar, de forma atual, a tragédia de viver, a ambigüidade da consciência, o problema de ser a si mesmo e de continuar a sê-lo, não obstante tudo.

Homologação e conformismo conseguem acalmar superficialmente a angústia e o sofrimento, mas sob a lúcida aparência agita-se inquieta a exigência a que somos chamados a responder, cada um de nós por sua conta e cada um para com os outros, segundo uma ética que não pode encontrar fórmulas e preceitos, mas que opera imperiosamente dentro de nossa existência e reação.

A homologação, a coação para repetir, a dissolução do campo do possível, tornam ainda mais opressivo o peso de viver, porque tendem a destruir a única chance que nos é ofertada: o direito de decidir sobre nossa vida. O sistema nega a pergunta fundamental que cada um procura responder a si mesmo e aos outros: por que vale a pena viver a vida, não obstante luta, sofrimento, dores, discriminação, solidão, morte; o sistema nega toda relevância à "paixão de viver", como reação consciente à "raiva de existir".

A inviabilidade do presente está nessa "proibição" da pergunta sobre a vida, nesta dura violência de operar dentro dos esquemas e papéis fixados pelo sistema; até o ponto de não deixar salvação ao indivíduo, impedindo-lhe a escolha de não reduzir-se à repetição seriada.

A impermeabilidade do sistema às interrogativas de "sentido" equivale ao decreto de calar-se sobre a questão vital, à impossibilidade de tornar público o fato trágico de existir em um universo "totalmente indiferente à tua sorte", em um universo no qual a existência do indivíduo é, por muitos aspectos, um acidente irrelevante.

A excepcionalidade desta prova de existir e de querer viver como ser pensante, consciente dessa insensatez do universo, é prensada pelo sistema da organização totalizante das estratégias do agir e do cálculo probabilístico, da planificação sistêmica da inovação compatível: é este talvez o tempo da pura presença em que o ser não tem mais razão de fazer valer.

Fazer valer a invivibilidade quer dizer, por isso, afirmar o nexo entre forma da socialidade, do amor e do reconhecimento do outro e dimensão individual da existência, sentimento da incomunicabilidade e da solidão, recolocação do tema trágico da opção. Por que vale a pena continuar vivendo?

O que não significa realmente apelar a alguma coisa naturalisticamente pressuposta, nem significa uma espécie de vocação à vida melhor ou à expressão do bem e do justo.

Do ponto de vista prescrito é obviamente preclusa toda idéia de inspiração jusnaturalista e eliminado todo apelo a valores radicados na natureza.

Interrogar-se se o homem seja bom e pacífico por natureza, ou vice-versa, agressivo e violento, é, assim, absolutamente ridículo.

Se não se aceita uma visão determinista — que, de resto, pelo próprio fato de ser uma elaboração conceitual, um sistema lógico, é já um desmentido dos seus conteúdos prescritivos — a única evidência sustentável é que o indivíduo humano é uma entidade capaz de agir intencionalmente sobre o ambiente à sua volta (humano e não humano) e de tomar decisões. É, em suma, privado de condicionamento total.

Nesses termos, distinguir entre tendências inatas e produtos culturais não leva a qualquer resultado prescritivo: tomar decisões significa, realmente, produzir normas ou poder subverter, reconduzir a paixão à vontade e a vontade à consciência.

Assim entendida, a capacidade de tomar decisões, a possibilidade de liberar-se dos condicionamentos é um dado de absoluta relevância, porque introduz na visão da evolução biológica um elemento fora de mensuração, extraordinário. Decidir significa que se pode querer que uma coisa seja ou não seja, que um evento ocorra ou não ocorra.

Estamos além do caso e da necessidade: fazer depender a vida da vontade é uma "monstruosidade" referente a toda concepção da evolução natural.

O homem como indivíduo é, sob esse ponto de vista, antes de qualquer outra coisa, uma "exceção" no mundo da natureza, por ser portador de uma intenção, de uma vontade que, por si, contrasta com o sistema de objetividade científica de tipo naturalístico e que é uma antítese ao "contrafinalismo" do universo.

A afirmação do sistema e da ordem social como performance e eficiência é, sob esse aspecto, expressão de uma bem precisa orientação redutiva: o primado da razão instrumental.

Sobre a invivibilidade do presente e do sistema em que estamos inscritos, significa, ao contrário, fazer valer, como questão relevante (também sob o aspecto institucional), a pretensão de tomar posição frente ao peso da vida, a suportar a insegurança da "criatividade", a continuar a "produzir vida", por questões que atingem essencialmente a esfera emotiva, as elaborações individuais da paixão e dos desejos.

Não é um novo direito natural, mas uma situação, um "estado de existir" que só praticamente se pode decidir fazer valer.

O único saber dessa situação são a antropologia e a experiência maturada no curso das várias épocas históricas. Dessa situação não se pode dar conta nem uma filosofia da história, com sua carga da "origem", nem uma antropologia negativa à Gehlen. O fato é que, como escrevia Preti, a um dado momento da evolução, "a espécie humana decide empunhar o próprio destino e condiciona a natureza e a própria espécie humana". Esse fato não leva a outro, mas a si mesmo. Toda explicação ou interpretação é prisioneira do "fato" e pode só tentar ocultá-lo através de hipóstase e projeções metafísicas.

Da mesma maneira, a antropologia negativa, exatamente porque assume como princípio teórico a incompleteza e a plasticidade do ser humano como falta originária, não consegue dar conta da estrutura da decisão criativa da ordem da vida social, que é, ao contrário, o *proprium* da experiência depositada na história dos povos. O enigma da vontade criadora, da decisão que institui a continuidade da vida, é, ao contrário, o "buraco negro" que transparece pela forma em que realiza a socialização dos indivíduos. Vontade e decisão, liberdade e poder não são ausências a acumular, mas princípios ativos e produtivos, energia para conter e não mera ausência de "norma".

O problema da forma dessa vontade-decisão passa, por isso, por uma análise do que na experiência atual não pode ser contido na trama das formas existentes e fornecidas. As formas atuais são formas que contêm, no sentido do contido, do conforme, a neutralização e positivação do enigma desta energia que tende continuamente a transbordar para continuar a viver. O que o sistema não consegue explicar é a excepcionalidade da energia, a singularidade da "paixão da vida".

A invivibilidade é o carregamento de uma remoção da cultura das paixões, da redução do indivíduo ao sujeito transcendental da lógica identitária.

CAPÍTULO 11

A expropriação da esfera emotiva

1. A reprodução da vida sem a mediação humana

Escreve Horkheimer, em "Eclipse da Razão":

"Nos cimos do processo de racionalização, a razão tornou-se irracional e estúpida. O tema do nosso tempo é o da conservação do "eu", enquanto não há mais nenhum "eu" para conservar. Ao indivíduo contemporâneo oferecem-se talvez mais possibilidades do que aos seus avós, mas as suas perspectivas concretas estão em declínio sempre mais breve. As suas decisões não mais têm em mira um futuro bem preciso na sua mente; ele pensa simplesmente que não será totalmente perdido se conservar a própria habilidade no trabalho e permanecerá aferrado à sua empresa, à sua sociedade, ao seu sindicato. Assim, o sujeito individual da razão torna-se um "ego" retraído, prisioneiro de um presente fugidio, que não sabe mais como fazer uso das funções intelectuais, graças às quais era capaz de transcender a sua posição presente na realidade".

A singularidade da fase em que vivemos é certamente constituída pela extraordinária liberdade com a qual é possível perseguir, afirmar, exprimir os próprios desejos, os próprios impulsos, e contextualmente no processo de despersonalização que parece invadir a esfera do desejo, das paixões, a esfera libídico-emotiva no seu complexo. Depois da alienação do trabalho, eis a alienação do desejo.

O desejo, as paixões, a emotividade parecem sofrer um processo de objetivação que, de elementos irrepetíveis do processo de individuação e de determinação da personalidade do individual, tende a transformá-los em funções abstratas da racionalidade sistêmica e da serialidade dos papéis. O desejo torna-se anônimo e repetitível, como a reprodução de uma obra de arte. A nossa época paga o preço da remoção do desejo com a sua liberação dos vínculos precedentes, e, enquanto aparentemente restitui ao desejo plena liberdade de ação, na verdade transfere-o para o terreno dos estereótipos e das abstrações que estruturam o campo das estratégias sistêmicas, das técnicas disponíveis para a satisfação do prazer. A razão subjetiva, o pensamento como ato individual, como tomada de posição e de distância do individual, tende a tornar-se racionalidade calculista, razão instrumental. Analogamente, o desejo como "energia vital", como unidade vivente do indivíduo e de suas relações com a natureza e com o outro, transfere-se a nível sistêmico e torna-se abstração da energia reprodutiva da espécie, depositada nas funções de conservação do sistema.

A manipulação genética e a fecundação artificial são um exemplo significativo desse paradoxo da cisão entre sistema e vida, entre autoconservação e conservação da espécie. Quer-se reproduzir a vida, desprezando a vida, ou seja, a "especificidade humana", quer-se estruturar em um único campo a função reprodutiva e a constituição intersubjetiva das relações afetivas entre o eu e o outro.

O indivíduo transformado em "máquina com desejos" subtrai-se da especificidade humana de mediar entre o sentimento e a consciência da própria identidade irrepetível de um lado, e a sua objetiva função instrumental, referente à reprodução da espécie, do outro, entre o princípio da conservação do eu e o princípio da conservação da espécie. A conservação da espécie deixa paradoxalmente de ser uma meta individual (de elaborar e decidir individualmente) e torna-se uma função do sistema. Porém, a este ponto, também a identidade do "eu" se faz impossível, porque se torna impossível a individuação da vida, isto é, o jogo da identidade e da diferença e a recíproca elaboração mental delas.

A reflexidade exaure-se na reflexidade do sistema; o desejo desvincula-se de todo finalismo e de toda exigência de individuação e se faz desejo abstrato: desejo de tudo e portanto de nada. Pode também parecer paradoxal a liberação do desejo dos vínculos da individuação, ou seja, da integração com a identidade do "eu"; não produz um incremento na esfera da individualidade, sob o perfil da liberdade, mas o triunfo da "máquina com desejos", a alienação do desejo e a sua objetivação abstrata na massa dos desejos. O anti-Édipo é uma abstração sem vida. Invalidada a relação entre desejo e individualidade viva, o desejo torna-se um tipo de motor imóvel do sistema, completamente análogo à lógica da reprodução ilimitada das mercadorias. O individual, por sua vez, torna-se objeto do desejo, como o falante torna-se objeto da linguagem (sistema).

A dissociação do desejo da consciência reflexiva consuma-se definitivamente, suprime-se toda tensão e toda polaridade recíproca (como toda contradição originária), que poderiam realizar-se unicamente na experiência do indivíduo.

Desejo e reflexividade se configuram no sistema segundo uma simetria funcional, acima e além da vida, de modo absolutamente independente da experiência concreta e das condições materiais: à massa das mercadorias produzidas e produzíveis corresponde a massa dos desejos.

A consciência reflexa torna-se pura reflexividade sistêmica e, reciprocamente, o desejo, pura capacidade atrativa: a grande calamidade das mercadorias. O indivíduo é uma caixa vazia que recebe do exterior imagem e energia.

A supressão do desejo como pólo e determinação do "eu" racional não apenas dissolve a identidade do "ego", mas arrasta consigo também o problema do outro. O outro não existe sem o ego. O problema do outro recomeça da reapropriação da esfera emotiva, da reconstituição da tensão entre razão e paixão.

2. Crítica da tecnização da vida

Para reconstituir a tensão, é necessário romper a auto-reflexidade do sistema, a sua constituição a partir da transferência do seu princípio de identidade. Transparência e reflexividade eram os velhos atributos do sujeito da razão formal; agora são os anexos do sistema que anulou o sujeito.

Na transparência do espelho não se encontra jamais o outro, mas só o idêntico que retorna a si mesmo. Não há lugar para o diferente, para a descontinuidade, não há lugar para o desejo individualizado que se estrutura na relação com o outro, na dimensão intersubjetiva, em que a identidade e a diferença se mantêm reciprocamente sem confundir-se jamais.

A razão formal, instrumental e calculista nos deu homogeneidade à reprodução sistêmica como fim em si mesma e escavou um abismo entre o sistema e a vida, entre o sistema e o sentido.

O *homo faber*, na sua extrema vontade de controle da natureza e da corporização vivente, produziu apenas a imensa positivização do sistema e da técnica. A positivização do sistema e do saber científico exprime homogeneidade — homogeneização — ou seja, reduzibilidade a dados representáveis e mensuráveis.

A crítica da positivização deve introduzir o heterogêneo. Sem heterogêneo, o mesmo espaço seria um contínuo, em que as coisas se deslocam, sem antes nem depois. Para introduzir o desomogêneo ocorre introduzir o ponto de vista do tempo (história e da consciência; consciência da interobjetividade e da distância).

O desomogêneo é o pressuposto da contradição, mas há diferença entre conflito e contradição: o conflito é resolúvel, equilibrável, mensurável. A contradição é irresolúvel porque o seu antagonista à ordem existente não é posicionado. Como não é posicionado o infinito dos neo-kantianos: é uma idéia regulativa, que impele, sempre além, os confins do sistema. O saber científico representa apenas um objetivo parcial. O descontínuo, o desomogêneo, o diverso são a vida em que o desempenho encontra a individuação da pessoa concreta, como um arco teso entre particular e universal, entre finito e infinito, entre nascimento e morte.

O triunfo do indiferenciado e o triunfo da deriva do desejo são, ao contrário, o sinal da violência que o sistema (autofuncional) exerce sobre a vida; constituem a tentativa da extrema positivização da emotividade e da individualidade.

Como escreve Subiratz, um jovem filósofo espanhol:

"A pesquisa de robustos inícios em um princípio puro e infundado, como Deus, que se chame razão ou sistema apriorístico das categorias, pressupõe sempre a eliminação violenta, embora silenciosa, de todos os elementos empíricos do sujeito real, o qual se transforma assim em potência abstrata e geral da produção transcendental. Semelhante violência é encarnada de maneira exemplar na filosofia kantiana. A "prática" conjura da psicologia ou do psicológico na "Crítica da Razão Pura" e a sua proscrição como se se tratasse de um inimigo mortal ou de um perigo terrificante para toda a economia da razão constituinte, deixam clara a tensão que o sujeito racional mantém com sua própria realidade empírica. Na mesma pessoa de Kant, considerada como o sujeito individual portador da reflexão dessa razão constituinte, a violência contra a sua realidade empírica é colocada em evidência, como se se tratasse de um sortilégio, das palavras com as quais inicia a dedicatória da sua obra: *de nobis ipsis silemus*. De si mesmos, é melhor nada dizer, pois que o sujeito racional não tem e não pode ter uma realidade biográfica ou um passado empírico. Isto é, mais do que tudo, um princípio não gerado, se quiser transformar-se em princípio místico da legitimação da ordem coativa do mundo".

CAPÍTULO 12

Apologia do egoísmo maduro

1. Do narcisismo originário ao egoísmo maduro

Paradoxalmente, a deriva do desejo e a sua extrema objetivação na figura da "máquina com desejos" são os produtos históricos de uma estratégia de remoção e ocultamento do desejo originário. Eis porque, na fase da extrema abstração do desejo da mediação da relação interpessoal e da elaboração consciente, o indivíduo é restituído à contingência precária da procura do prazer sem freio, mera vibração táctil, reatividade instintiva, como a do ouriço do mar, que se abre e se fecha conforme o ritmo dos raios de luz que atravessam a água do mar.

A deriva do desejo é, ao mesmo tempo, a remoção do desejo originário e o abandono do individual à flutuação das sensações extemporâneas. O arrogante Narciso do espelho desdobra-se na figura da "máquina com desejos", que move com sua força atrativa a massa inanimada das mercadorias — o outro ego sistêmico da produção — e a massa dos indivíduos que, agitando-se, refletem-se na miríade das imagens do prisma, como o vento faz girar a pá do moinho. À máquina com desejos corresponde o narcisismo de massa da mediação prismática. O narcisismo é resolvido e renegado.

O medo das paixões resolve-se no aniquilamento das forças libídico-emotivas que constituem a energia primária do indivíduo vivente: uma grande remoção, "uma expressão cultural da libido".

O destino do desejo é assinalado por esse medo. O romance moderno é, segundo Girard, o testemunho emblemático dele. O jogo da mediação e da simbolização do desejo transformou-o em desejo metafísico.

Como escreve Girard, antes de tudo, o herói renuncia à prerrogativa de desejar "segundo a sua escolha", porque sobre ele cai a "maledicência" da autonomia metafísica, a falência da "promessa" que os homens serão de uns para os outros. Mas, esse auto-endeusamento precipitou-os no ódio e na inveja, no vácuo e no desejo imitativo. Na realidade, continua ainda Girard:

> "Só o ser forte pode viver sem frivolidade. Em um universo de iguais,
> os débeis são presa do desejo metafísico e vêem triunfar os sentimentos

modernos: a inveja, o ciúme e o ódio impotente. Os homens que não podem olhar a liberdade face a face estão expostos à angústia. Procuram um ponto de apoio para dirigir um olhar. Não há mais nem Deus, nem rei, nem senhor que os conjugue ao universal. E para subtrair ao sentimento do particular, os homens desejam segundo o outro; escolhem deuses de troca porque não podem renunciar ao infinito".

Uma vida de saída entre frivolidade e paixão parece representada pelo egoísmo stendhaliano que não procura expandir o seu "eu" pela medida do universo. O egoísta conscientemente renuncia à superação dos próprios limites. "Não é um recuo para o NADA, pois que renunciou a cobiçar o TODO".

Os resultados da empresa apóiam Girard iludido, já que só a vitória definitiva sobre o amor-próprio pode produzir-nos a salvação:

"Triunfar do amor próprio significa afastar-se de si mesmo, mas, em outro sentido, significa avizinhar-se de si e afastar-se dos outros. Uma vitória sobre o amor-próprio permite-nos calar profundamente no "eu" e nos faz conhecer, ao mesmo tempo, o outro. A uma certa profundidade, o segredo do outro não difere do nosso próprio segredo".

Mas esta salvação chega só ao ponto de morte (ou pela auto-anulação), porque só assim se libera do orgulho e da frivolidade da autonomia metafísica e do desejo imitativo.

A ética da renúncia caracteriza a conclusão do grande romance moderno. Escreve ainda Girard:

"Trata-se da banalidade absoluta do que é essencial na civilização ocidental. O fim romanesco é uma conciliação entre o indivíduo e o mundo, entre o homem e o sagrado. O universo múltiplo das paixões se decompõe e volta à simplicidade. A conversão romanesca faz pensar na "analysis" dos gregos e no segundo nascimento dos cristãos. O romancista, neste momento final, atinge os vértices da literatura ocidental; liga-se às grandes morais religiosas e aos humanismos superiores, aqueles que elegem a parte menos acessível do homem".

A alternativa à deriva do desejo parece então uma reconciliação entre o eu e o mundo, que só o herói negativo pode conseguir.

Realmente, o medo das paixões é a obra também do dostoievesquiano "homem do subsolo" e o egoísta de Stendhal não consegue superar o limiar da "renúncia". Justamente Zweig diz que a grande idade do romance subjetivo está enfim nos nossos ombros. Aparece então um incômodo e uma insatisfação crescente para com a linguagem romântica do herói. Na verdade, após os grandes romances dos Oitocentos, a linguagem se decompôs, fraturou-se, emprega gramáticas diversas e obscuras: o diálogo de Narciso consigo mesmo tornou-se mais desesperador. Já Joyce alude a uma outra história, mas Narciso não se salva. E Zweig diz:

> "Encalhado no meio da estrada, entre a forma do vínculo social sem compromisso e a gélida estrutura de uma solidão que se enxugou no drama cultural, o "si", no jargão atual, chega a assemelhar-se a um "*homunculus*" estranhamente palpável, quase autônomo. Um imenso assoalhamento psiquiátrico trabalha a tempo, mais que pleno, para mantê-lo intacto. Os moralistas sociais deploram o mau influxo dele, virtualmente, sob toda forma de convivência social. A autobiografia tornou-se a forma de narrativa hoje mais comum, influenciando tanto as prestações de contas imaginárias como não imaginárias.".

Estes são os sinais do fato de que nossa sociedade está decaindo em um prejuízo de relações esfaceladas e de egoísmo agressivo, como afirmam alguns novos moralistas, eclesiásticos e sociais? Estamos repetindo ainda uma vez o drama constitutivo de tensão entre alguns indivíduos subversivos e o amparo conformístico da sociedade?

Parece novamente que a individualidade esteja redefinindo os nossos dias, redefinindo então os modos de individualização e da sociedade; "mesmo assim, ainda hoje, Narciso, com seu desejo complexo e sua dor, está com sua obra no meio de nós". Também o medo das paixões trabalha ainda. Ressurgem as morais do altruísmo e da oblação, a velha máscara da hipocrisia social inventada para tornar socialmente apresentáveis as paixões.

Efetivamente, hoje mais que nunca a "vida na selva" passa por um estreito atalho: a capacidade de construir além do narcisismo e maturidade do egoísmo, que constitui a "pessoa" como ponte entre a multiplicidade dissipativa do futuro e a imobilidade do ser, entre individualidade particular e pertencente ao geral.

O egoísmo maduro é o contrário do anti-Édipo, é a superação do narcisismo do Édipo não resolvido, que conduz à onipotência megalomaníaca — hoje expressa pela performatividade do sistema — a anulação simbiótica, típica da "maternidade" assistencialista. O egoísmo maduro é a reassunção do narcisismo originário em uma visão consciente da tensão entre o si e o outro. É o reconhecimento da estrutura constitutivamente intersubjetiva da consciência, para a qual o outro é, ao mesmo tempo, o limite interno do eu e a sua transcendência, irreduzível a si: a consciência de que a especificidade humana, que foi definida pelo *"tape"* de um processo evolutivo — sem qualquer determinismo, mas por uma sucessão de movimentos estratégicos, fruto das opções e das decisões dos homens em carne e osso — é estritamente ligada à aceitação da alteridade como condição transcendental (no histórico-antropológico) da própria identidade. O outro na elaboração consciente do egoísmo maduro é a síntese das figuras originárias de nossa emoção e dos nossos desejos (o pai, a mãe, as irmãs, os irmãos) e, ao mesmo tempo, o "reaparecimento" deles, fora de qualquer um de nós, na concretização das pessoas que amamos, a companheira, o amigo, o filho.

O outro é a elaboração do limite da vontade de poder do narcisismo originário como condição estrutural do retorno a si próprio: é o emblema da distância e da diferença e também da comum ligação ao gênero humano. O outro é a transcendência do gênero, elaborada na consciência da própria irrepetível individualidade. O egoísmo maduro exprime amor para com o outro, mas não se resolve nem na doação gratuita, nem na generosidade caritativa: é a procura de uma diferença e de uma semelhança, pesquisa que exige a reciprocidade da paixão, a comunicação verbal e empática da própria necessidade dos limites e da transcendência.

Para reatingir a maturidade do egoísmo que nos salva da deriva do desejo, é preciso, porém superar a cisão entre consciência e mundo libídico-emotivo. Precisa compreender por que, como e quando se formou uma teoria do conhecimento, em que, através do *cogito*, o *a priori* kantiano se liga à nítida contraposição de sistema e sentido de Wittgenstein e à auto-referenciabilidade do sistema luhmanniano.

É preciso entender por que o conhecimento e a formalização da elaboração da categoria do pensar se separaram da interrogativa sobre o que é o homem, sobre o que representa a "disposição natural do homem".

Em "Kant e o Problema da Metafísica", Heidegger tinha lucidamente estabelecido a conexão entre metafísica e antropologia que está na base do conhecimento transcendental e da crítica da razão pura. Heidegger elucida, de modo exemplar, este aspecto:

I — que coisa posso saber;
II — que coisa devo fazer;
III — que coisa tenho o direito de esperar.

É substancialmente reativa, já que coloca implicitamente a questão da "finalidade" do homem como problema fundamental e originário e todavia o ultrapassa sem enfrentá-lo.

O que Kant define "um estudo sobre a nossa natureza interna" termina por tornar-se uma mobilização de recursos lógicos para cancelar a procura fundamental de que vale a pena falar: o que significa a perfeição do homem e, juntamente, a vontade de transcendê-la.

De outra parte, só a perfeição e a natureza toda particular da interrogação que a observa determinam de modo decisivo e radical a forma de uma "analítica" transcendental da subjetividade. A reflexão de Heidegger põe à luz o caráter reativo da metafísica kantiana, mas o discurso pode ser generalizado: a redução da procura do "específico humano" à lógica, epistemologia, teoria do conhecimento, é uma obra de remoção do problema da perfeição.

Heidegger, porém, não leva em consideração até o fundo da raiz existencial do problema da perfeição, o seu ser originariamente à experiência crucial do limite do desejo e da vontade.

Considerando que o problema da perfeição coloca-se em relação à compreensão "pré-conceitual" do próprio ser, Heidegger nega que esse elemento originário da compreensão preconceitual possa ser tecido sobre o terreno antropológico, como história do acontecimento do "específico humano" e da sua evolução pelos atos, decisões, opções, como resposta aos desafios e problemas práticos-existenciais, deslocado o nível sobre o plano da metafísica do ser. Afirmando que, com a existência do homem, produz-se uma ruptura na totalidade do ente e que este privilégio de existir traz em si a necessidade da compreensão do ser, Heidegger termina pois em construir a metafísica do ser como ontologia fundamental.

Não surpreeende assim que o originário de que toma impulso é já uma mediação mental e também psicológica de experiência que se estrutura a partir da matéria, da corporificação, psicologia das experiências de individualização e de recuperação simbólica da totalidade humana (no sentido do grupo), totalidade que se realiza na constituição da individualidade em relação às formas históricas da socialização das relações inter-humanas.

A primeira experiência do "limite" é a individualização do corpo como verdadeiro espaço vital, e a primeira linha de demarcação entre o eu e o outro é a pele: não é o caso, como demonstram anos de estudo clínico sobre crianças, a patologia dos processos de individualização e de socialização que se manifestam como moléstia da pele, alergia, hipersensibilidade táctil.

Se for verdade que todo pensamento filosófico é, no fim, autobiográfico, não é sem sentido que exatamente quem mais sofreu o drama da individualização, Nietzsche, indique o fio condutor do corpo como sede de uma tensão, de uma luta para atingir a coesão nova de pensamento com que produz vontade de poder, mas, ao contrário, a vontade de poder que produz o pensamento. A consciência não é um dado, mas um construído, um processo formativo que exprime a possibilidade de uma interpretação consciente da própria aventura histórica. Como escreve Schiller, "o mundo, antes de ser dado como objeto de conhecimento, certamente nos é dado em primeiro lugar na vida como resistência à nossa ação prática".

O choque entre a originária vontade de poder, que é também paixão de viver, e o limite, a perfeição e a angústia da morte, de perda implicada nessa experiência originária, produz como formação reativa a onipotência do pensamento e a dilatação do desejo de posse.

A deriva do desejo e o bloco do narcisismo infantil são o testemunho do abandono da perfeição, da desintegração dos confins na abstração do *"cogito"*.

O *"a priori"* da metafísica kantiana (assim como a antropologia negativa do último Gehlen) leva o mesmo sinal da reatividade, de uma operação de remoção do desejo de onipotência do Narciso originário.

Nesses termos, a antropologia não é a resposta à pergunta sobre a essência do homem, não é uma ontologia sub-reptícia, mas a análise da genealogia das formas de consciência que se vêm elaborando no curso da evolução e construção do específico humano: o específico humano não é uma necessidade, mas um acontecimento reconstruível nas suas etapas, não explicáveis segundo uma lógica causal. O egoísmo maduro, o superamento do narcisismo infantil, constitui apenas uma resposta ao desafio da evolução do específico humano.

O egoísmo maduro é, realmente, a consciente opção de aceitar a perfeição e de andar além da formação reativa da vontade de poder. O egoísmo maduro não é antropocêntrico, porque se sente "jogado no mundo", e constrói a própria identidade a partir do "ser no mundo", mas não a desloca para uma metafísica do sujeito, nem a uma ontologia do específico humano.

O ponto de chegada do egoísmo maduro é a construção da pessoa, não no sentido anímico e mentalístico, mas no antropológico que me parece entrever-se em alguns críticos da chamada filosofia da mente. Particularmente, Marjorie Greene, retomando a crítica de Rorty à abstração metafísica do sujeito e ao *"cogito"* cartesiano, permanece preferindo usar o conceito de pessoa para designar a totalidade subjetiva do indivíduo, na qual *"sentience"*, *"sapience"* e *"selfhood"* se entrelaçam em uma dinâmica unitária.

A figura da pessoa parece também a de Sérgio Moravia (que elaborou recentemente as análises dos filósofos da mente) como a única em condições de exprimir o "humanista" operante no vivido psico-antropológico real.

É singular que, no esforço de superar a inevitável ambigüidade do termo, a própria Greene termina por caracterizar a pessoa como "estar no mundo" (em sentido muito afim à linha do primeiro Heidegger) e por afirmar que a pessoa se constitui "no desenvolvimento histórico" e que a própria individualidade da pessoa se constitui como "aventura histórica" (em sentido psico-sociocultural).

No quadro traçado da alternativa ao neo positivismo e ao estruturalismo, a referência ao "vivido psico-antropológico", se repropõe o mais recente endereço psicanalítico que vê o superamento do esquematismo freudiano exatamente no conceito de pessoa, entendida como maturidade do narcisismo infantil. Escreve Lopez:

> "A pessoa, sendo totalidade libídico-emotiva e mental, na fidúcia extrema que deriva da alegre tarefa de construtor de pessoas, não tem inibições, senso de culpa e condenação moralística nos confrontos do narcisismo. Ao invés, liberalmente ama a si mesma como pessoa e àqueles que sejam pessoas, ou desejem tornar-se pessoas. Por isso, por amor da pessoa como modelo de unificação total e regeneração liberatória das várias partes ou estruturas da mente, componentes do indivíduo fraturado e desintegrado, assim como foi concebido pela teoria estrutural da mente de Freud, a pessoa sai da sua beatitude (vazio mental=liberdade) e às vezes se aliena temporariamente, estendendo-se perigosamente "fora de si", para conduzir outros indivíduos à pessoa."

Só o egoísmo maduro consente em levar a sério o outro e abrir a estrada a uma nova forma de relacionalidade entre os homens: indicar um novo itinerário para a emancipação.

2. Egoísmo e alteridade

Egoísmo (no sentido do narcisismo maduro) e "consciência do outro" são estreitamente correlatos. Só quem se aprofundou dentro de si até o abismo da auto-anulação, que teve a consciência da extrema solidão e da fraqueza da vontade de poder, pode permitir-se o luxo de levar a sério o outro sem reduzi-lo a "objeto: de conhecimento ou do desejo de posse. Só o egoísta que atravessou o deserto do desespero e da angústia de morte e volta a si para aproveitar-se e fruir a vida dentro do próprio corpo e da própria mente, que sabe enfim o gosto das pulsações e a embriaguez da respiração como sensações da própria irrepetível presença no mundo, o egoísta que sabe ser "único", mas que paradoxalmente sabe dividir a própria unicidade com outros seres viventes da mesma espécie, pode aceitar o outro como um irredutível, como uma espessura em camadas, de que inutilmente poderia procurar apoderar-se até à raiz.

O egoísta não é uma pura ausência, um vazio que procura encher-se através dos objetos, e que, como um canibal, é constrangido a alimentar-se dos outros para saciar a própria fome infinita. Sabe enfim que o cheio e o vazio, o tempo e a eternidade habitam dentro de si, como o deserto e o oásis viçoso se defrontam sem confundir-se. Por isso, experimentou o outro como a diferença que o atravessa sem desintegrá-lo, como a tensão do arco e da lira que, separando-se, harmonizam-se.

O egoísta não tem necessidade do outro "ego", porque não está mais dentro da lógica identitária, mas encontrou a própria individualidade complexa. Só o egoísta "sente" o outro como o irredutível a si e portanto como o "diverso" que está à sua frente, mas pode olhá-lo e amá-lo sem medo, porque a consciência obtida permite-lhe manter a distância (o afastamento e até o desinteresse) e também abandonar-se sem reserva ao transporte da paixão porque sabe permanecer sendo a si mesmo, senhor da própria mente. O egoísta não é o "supervivido" de Canetti, porque "experimentou" enfim a morte e aprendeu a arte de "reconhecer" na aceitação da própria perfeição e da própria abertura ao gênero. Disse Lopez: "Na medida em que tivermos a coragem de viver já defuntos, e de rir, teremos vivido para a eternidade, porque fazemos parte da árvore da vida que é a mesma árvore da morte". Através da auto-anulação do narcisismo infantil e do renascimento no egoísmo maduro, tornamo-nos verdadeiramente "um anel do colar do ser". Uma vez que o egoísta aprendeu o limite e a diferença na experiência de si, não considera mais o outro como ameaça e não tem necessidade de colocar-se sob a proteção de uma universalidade transcendente, de um "*a priori*" neutral e neutralizante, que torne decente o triste narcisismo do "*homo faber*".

Aprendeu que, sem o outro e o diverso, a sua individualização, como expoente do gênero, seria dissolvida na homogeneidade do neutro e no puro determinismo biológico dos apetites que presidem à reprodução. Sabe que é exatamente a elaboração consciente da visão do outro que o subtrai da necessidade da pura atração fisiobiológica. Para o egoísta, a relação com o outro é, realmente, opção livre, decisão, subtração da necessidade animal. O terreno de verificação da maturidade do egoísmo é exatamente no modo em que está vivida e elaborada a diferenciação sexual do gênero.

Como reforça Fornari, a diferenciação sexual é, antes de tudo, reconhecimento da pluralidade dos códigos. Há um código científico, de tipo paterno, e um código humano, de tipo materno. O primeiro arrola a ciência, a técnica e o espírito militar para combater a morte, como um médico que reduz o doente a um campo de batalha em que se mede o valor e a arrogância. O código materno recorda continuamente que o campo de batalha não é um terreno inerte, mas uma pessoa humana de que não podemos esquecer, sem negar também a nós próprios.

O código da separação e o código da integração confrontam-se, sem escape. A separação da comunidade tem o preço da morte, da entrada no outro mundo. A integração e a renúncia faz valer o próprio desejo impossível. Na verdade, desejo de autonomia e desejo do outro, solidão e amor do outro sexo são a experiência originária, as idéias primárias sobre o que está elaborando a especificidade do ser humano.

O nascimento, o impulso primordial à individualização, começa no útero materno, quando se inicia a viagem para a luz, a luta contra o muro sangüíneo da vagina cerrada. Mas, o desejo da "conjugação", isto é, do retorno na fluidez simbiótica, reaparece logo como nostalgia da unidade indiferenciada, do grupo e da comunidade homogênea.

O Narciso maduro, o egoísta que atravessou a água do "grande rio", está enfim consciente de que dentro do conflito trágico há ainda o complexo edípico não resolvido, um bloco de emotividade que não permite andar além da experiência dos desejos originários, a luta dos sexos, a rivalidade com o pai e o ciúme para com a mãe.

O egoísta maduro consegue passar além, reassumir e acalmar dentro de si as tensões originárias que estruturam a própria experiência do nascimento porque conseguiu instituir a senhoria na própria mente e não a deixa mais invadir por manias persecutórias, nem por fantasmas megalomaníacos de domínio absoluto sobre os objetos e sobre a natureza.

O egoísta maduro obteve a consciência do caráter simbólico da sua presença no mundo e por isso pode suportar o peso da sua nulidade empírica e ao mesmo tempo desfrutá-la (ver-se viver) na sua imanente intenção de transcendê-la. O egoísta pode resolver a própria finitude e impotência referentes à ânsia de ser pela própria "metamorfose em símbolo" (reassunção e reatualização de todos os significados da história universal).

Já Cassirer, na perspectiva de uma peculiar revisão do estruturalismo, considerava constitutivo do específico humano a *Ruckbesinnung* pela qual se produz o sentido da experiência vivente (e se torna para nós visível o ser que a teoria do conhecimento, como toda gnoseologia não conseguirá jamais atingir) e definia o homem um "animal simbólico".

O símbolo não é uma propriedade, um atributo do sujeito, mas a concreta produção do sentido da pessoa, a resposta à pergunta da vida. Por isso, não há necessidade de dilatar-se como a gigantesca medusa do narcisismo onipotente, que tudo quer possuir e refletir na própria imagem.

A relação com o outro é a consciência do caráter simbólico da comunicação interpessoal, a sua irreduzibilidade à luta desenfreada para a posse recíproca.

A via do egoísmo maduro e da visão do outro, irredutível da diferença é o exato contrário do individualismo da lógica identitária que, pela *"reductio ad unum"* da abstração do sujeito, realiza o pleno desdobramento da vontade de domínio e conduz fatalmente ao aniquilamento do indiferenciado. Assim como é o exato contrário da mitologia da massa como lugar originário da unidade primordial, da fusão dos corpos na desesperada pesquisa da sobrevivência coletiva. A massa produz igualdade, perda do limite, continuidade física, mas como acontece na fusão simbiótica, anula a especificidade humana do impulso original à individualização. A massa não produz salvação, mas fuga e regressão.

A salvação do específico humano passa inevitavelmente pela indivi-dualização, pelo superamento do narcisismo infantil e pelo pleno reco-nhecimento do outro como limite e como transcendência da outra pessoa referente a "si mesmo".

A salvação do específico humano não está nem mesmo além do horizonte da vida, nem no imperativo categórico, nem em moralismos oportunísticos: está na concepção antropológica do processo evolutivo, nos movimentos estratégicos pelos quais se está constituindo a instância do egoísmo maduro, como hoje nos aparece na época do triunfo da onipotência da lógica cibernética.

CAPÍTULO 13

Uma idéia para o comunismo

1. O comunismo e o problema do outro

Como incidem o conceito da visão do outro e a visão do egoísmo maduro sobre as formas da política e sobre a idéia de comunismo? É necessário desimpedir o campo de um equívoco: a tendência a reduzir tudo a problema de método. O discurso sobre o método é realmente uma grande remoção dos conteúdos, um verdadeira violência contra a realidade e os seus multiformes sinais. O "Discurso sobre o Método", de Descartes (como recorda Franco Rella), é o texto inaugural dessa remoção, com a qual foram colocados fora do domínio da razão e da ordem lógico-epistemológica o caso e a descontinuidade do desomogêneo, em outras palavras, a incontestável multiplicidade do vivente.

Também Valéry, quanto ao resto, sublinhava que o método é uma espécie de condenação a não existir de tudo que não seja reconduzível à simetria formal das deduções mágico-matemáticas.

O método inaugura o cemitério das palavras e das classificações e o especialista de metodologia pode morrer tranqüilamente, já que, como foi dito, "*transit classificando*".

Agora, nada é mais insensato do que reduzir a crise da idéia de comunismo a uma questão de método, método de discussão, método de organização, método de comunicação, método de fazer política, etc.

Se me for consentida a banalidade, a questão do declínio dos partidos comunistas e da esquerda não é realmente uma questão de método mas de brutal substância: um problema de concepção antropológica do indivíduo vivente.

A esquerda perdeu a função histórica de representar o outro, seja no sentido de uma "subjetividade" que vá além do horizonte do formalismo do sujeito burguês, seja no sentido de uma ordem diferente da existente.

Já na crítica da subjetividade burguesa, Marx colocou em campo o outro, como antagonista da abstração burguesa e da sua forma de domínio, mas também como expressão de uma estrada para a emancipação humana diferente e alternativa à liberdade idealista do homem em abstrato.

Para Marx, o outro é o proletariado, exatamente porque nada tem a perder além da "própria corrente". O outro é quem não tem necessidade da propriedade e do domínio, para afirmar a própria individualidade. O outro é nada, porque é ninguém além de si próprio: aspira apenas realizar a totalidade emotiva da própria especificidade humana. E não é arriscada a aproximação que Zweig opera entre Marx e Carlyle, de quem o próprio Marx apreciava a crítica à "mecanização da cabeça e do coração" e também entre Marx e Tocqueville, Schiller, Burckhardt e Nietzsche, que baseiam sua crítica no conformismo homologante, na desumanidade mecânica, na falsa moral, a "recusa em reconhecer as barreiras deste mundo". Crítica do isolamento alienante e constatação de que, na nossa sociedade industrial, o indivíduo é constrangido a excluir "da arena da permuta social" uma inteira porção da própria vida emotiva, dos próprios valores e das próprias aspirações, são indubitavelmente os traços marcados de uma "visão do outro" irredutível. Todo o saber de Marx é saber crítico, porque é também saber do outro; é introdução prática do ponto de vista da "visão do outro" na ordem do mundo.

A crítica da economia política, a crítica da filosofia do direito, a crítica do Estado são a crítica da vontade de poder da lógica identitária, da materialização do indivíduo e da natureza.

A crítica é já uma forma da "visão do outro" que se introduz na positividade da ordem existente, mas não como irreduzibilidade do outro e da diferença à unidade ligada à abstração dominante, como pesquisa de uma outra socialização na qual — diz ainda Zweig: "Narciso pode falar da sua dor e da sua alegria". Eis porque aquela que a alguns parece uma ambigüidade de Marx — inspiração individualista da insurreição revolucionária ("o homem é o ser supremo para o homem") e a sua visão holística da futura sociedade comunista ou falta da resolução da relação entre a essência genérica ou universal do homem (Gattungswesen) e a sua natureza social (Gemeinwesen) — a mim parecem os traços mais significativos do nexo entre questão comunista e problemas da "consideração do outro". A consideração do outro é, realmente, também ambivalência; estar dentro e fora do sistema da informação codificada, assim como o lugar das pessoas é, ao mesmo tempo, o da distância e o da vizinhança.

E para me fazer entender, desejo chamar por um momento o que foi definida como a dubiedade de Togliatti, não porque pretendo auspiciar um retorno ao togliattismo, mas porque aquela experiência, certamente cumprida, está ainda totalmente por explorar. Dubiedade não significa hipocrisia, mentira, dupla verdade, mas simplesmente viver o paradoxo, certamente não definível metodologicamente, de ser contextualmente um elemento do sistema e um antagonista do sistema; o estar dentro e fora da democracia ocidental, a aceitação da dinâmica parlamentar e as consultas eleitorais, tornando-as irrenunciáveis, e, entretanto, olhar além esse horizonte formal, aludir a uma hierarquia de valores, a um tipo de relações humanas; de aspirações e necessidades que não podem ser formalizadas dentro dessas regras procedimentais.

Em outros termos, a dubiedade é a instituição do ponto de vista crítico referente ao sistema e à assunção da criticidade referente à ordem dada como pólo constitutivo de um antagonismo capaz de trabalhar dentro do sistema, mas também de olhar além dele.

O problema está todo aqui: promover descontinuidade e a fratura dentro do sistema, ou aceitar a compatibilidade e candidatar-se à melhor gestão dos relativos mecanismos regulativos, ou seja, mais serviços e menos evasão fiscal, mais trabalho e ocupação e menos especulação e renda financeira.

Todas as coisas sérias e respeitáveis, mas que nada têm a ver com a radicalidade do problema; a esquerda, toda a esquerda, historicamente, relevou no âmbito das democracias ocidentais: o problema da superação do sistema dado.

Direita e esquerda não são distinguíveis no terreno das políticas internas da compatibilidade sistêmica. Ao revés, tendem a tornar-se etiquetas, e, tudo somado, intercambiáveis.

Quem, digamos, não quer realizar a justiça social, a plena ocupação, uma vida digna para os anciãos, parques públicos para as crianças? No máximo, discute-se sobre o modo melhor para conseguir esses objetivos. Em tais termos, direita e esquerda não têm mais uma efetiva linha de demarcação e tendem a tornar-se pura sobrevivência histórica.

A única discriminante verdadeira que se pode instituir refere-se à assunção, ou menos, da criticidade e indicação de um "outro" que não esteja dentro da compatibilidade dada. Este outro, porém, não é um horizonte metafísico, mas um centro prático em que pode encontrar expressão, em um certo momento histórico, tudo o que as compatibilidades sistêmicas e a lógica que as exprime tendem a negar e relegar à inexistência.

A lição de Marx está na intuição de que o outro não está fora, em outro lugar, mas dentro do sistema, e contudo se projeta como uma sombra longa, além, e fora dos limites determinados. A esquerda alude realmente "ou outro excluso" e é a projeção do outro além do horizonte histórico do presente.

O outro do sistema não é, por isso, definível uma vez por todas, assim como o que torna uma vida digna de ser vivida não é uma fórmula boa para todas as estações.

O outro é a irreduzibilidade, historicamente dada; é a polaridade que se institui através da abertura da criticidade sobre a fechada circularidade do sistema. O outro é a abertura do olhar sobre a contrariedade de todo sistema que, para incluir todos, deve reduzir a vida individual a esquemas de ações disponíveis em uma série infinita, porém sempre igual. O outro é a recusa de toda objetivação definitiva que permita fechar a vida na gaiola de uma forma lógica ou matemática.

O outro é a aspiração contínua da vida que transcende a objetividade da forma. O outro é a tensão que se institui, já na cena da nossa auto-representação consciente, entre o desejo da função simbiótica — as razões do corpo que sente a urgência de conviver e conjugar-se com outros corpos (a massa de Canetti) — e a instância do "eu" de ocupar espaços, de constituir-se em poder autônomo de produção e sobrevivência de si mesmo pelo controle racional e a onipotência do pensamento.

2. O "outro histórico"

Reabrir o problema da esquerda, de toda a esquerda, não é então um problema de método, mas de afrontar a questão da "consideração do outro" no mundo contemporâneo; produzir abstração que, como a classe operária de Marx, saiba indicar tudo o que fica fora, que não está dentro da objetivação dada.

A meu modo de ver, o outro é procurado na expropriação da individualidade emotivo-afetiva que se vem operando por intermédio da massificação e homogeneização das ações e das posições de cada um de nós.

A "consideração do outro" é, de fato, também historicamente determinada: é a figura resumida em que se exprime a necessidade de individuação e de novas relações interpessoais na época em que até a reprodução da vida parece possível fora da mediação humana.

O outro é o específico humano que, junto a este ponto da evolução, ressalta a própria recusa à tranqüilizante homogeneização das mídias.

O outro é o jovem prisioneiro da linguagem bloqueada dos video-cassetes, o "qualquer habitante" da cidade sem rosto; o operário que perde a cabeça na insignificância dos gestos repetidos no teclado; o profissional usado como terminal do programa computadorizado; a mulher que sofre a mortificação da diferença na violência da lógica possessiva.

O outro reabre a questão comunista até onde o socialismo real se resolveu em tragédia e falência, em que a homogeneização é mais totalizante e oprimente. Reabre-se também no Ocidente dos consumos desenfreados e da liberdade sem conteúdos.

A atualidade do comunismo está nessa urgência de conservação da "consideração do outro", como garantia da tensão vital entre individuação e comunidade, da insuprimibilidade da "diferença" produtiva de metamorfoses nas relações interpessoais. Repensar o comunismo na democracia significa construir uma democracia da consideração do outro, da "contenda" entre identidade e diferença, significa construir os espaços dessa tensão, os lugares em que esta energia pode ser conservada e transmitida, como o facho das olimpíadas, sem ser jamais fixada definitivamente na gaiola de uma instituição ou de uma lei.

Uma democracia capaz de não fechar a partida, mas de reabri-la continuamente "além dos muros", é a forma da ultrapassagem, da abertura permanente a outra decisão possível.

Qual política então para responder a esse desafio? Como dizia Broch: "Toda política parte do homem, para o homem e muitas vezes contra o homem. Para poder falar de política, é preciso então haver uma idéia do homem: de outra forma, corre-se o risco de referir-se a um vazio mecânico".

Por isso, é necessário superar não apenas a antropologia negativa do homem, reduzido a sujeito de necessidades reconduzíveis ao cálculo econômico utilitarístico, mas também as supermorais que marcaram a opressão e a vontade de poder.

A antropologia do egoísmo maduro pode ser a premissa dessa mudança.

A perspectiva que se abre para essa visão é aparentemente contraditória: uma nova política deve renunciar a uma concessão redutiva do homem, à pretensão de constituir a única medida da experiência e da ação individual e coletiva, e paradoxalmente fazer-se garantia deste "excesso", deste contínuo afastamento do próprio âmbito.

CAPÍTULO 14

Atualidade do comunismo e problema da técnica

1. O "destino técnico" do ser e a crítica da máquina capitalista

Pedir à tradição comunista para reabrir essa perspectiva, para reafirmar a atualidade do problema da irredutível consideração do outro, significa porém responder ainda a uma pergunta que atravessa estas reflexões e se apresenta como um ponto crucial: o que ela é para a técnica? Não é talvez este o verdadeiro fato constitutivo da organização social e do estatuto teórico do saber contemporâneo e da teoria sistêmica da sociedade?

Giorgio Lunghini, citando W. H. Auden, recorda que só a "ciência infernal" crê na exatidão das suas leis. A mistura de ciência, técnica e economia pareceria ter produzido essa ciência infernal: o estudo paramétrico das condições de equilíbrio substitui a análise abstrata das condições de reprodução do capital.

A este ponto, as ações humanas são dominadas e governadas apenas pela natureza e pela técnica: até a abstração das condições de produção torna-se supérflua.

Severino afirma que o marxismo, o neomarxismo e qualquer outra teoria ou visão do mundo não pode subtrair-se ao "senso técnico do ser". A revolução comunista é a substituição da organização capitalista pela organização socialista da técnica. Mas, uma e outra têm em comum o senso que a realidade — a "coisa" — possui no interior da técnica. E continua: "o humanismo socialista e a ecologia não propõem a abolição desse projeto, mas a sua racionalização mais eficaz e mais respondente aos valores, tornados, de vez em quando, irrenunciáveis".

Definitivamente, "toda crítica que hoje, com fundamento na cultura ocidental, se dirige à civilização da técnica, move-se sempre ao interior desse horizonte essencial — o senso grego da coisa — da qual a civilização da técnica é o testemunho e a realização mais rigorosa e coerente".

Para Severino, a metafísica, como ciência, é expressão da alienação originária, a liberação do ente da eternidade imóvel do ser (ao contrário, a mesma idéia de coisa enquanto produção técnica é um liberar-se do ser, uma tentativa de negar a nulidade do nulo). De uma parte, a alienação originária

139

constitui a disponibilidade técnica da coisa a oscilar continuamente entre o ser e o nada, e então exprime a vontade de manipular a natureza para tornar-se um objeto construível e destrutível, uma coisa que pode ser e não ser (toda coisa é um não-nada, enquanto produto-criado, que torna a ser nada). De outra parte, essa alienação seria superável graças ao pensamento filosófico que recupera o ser na sua totalidade imutável, sem tempo, nem história.

A alienação originária manifesta-se, deveras, afirma Severino, na contraposição entre o pensamento científico que dá origem ao cálculo hipotético pelo qual se produz tecnicamente a "criação dos objetos" (a produção e o controle dos eventos, e o pensamento especulativo, o cálculo inconvertível do epistema que "mostra" além da "aparência" do devir, a imobilidade do ser (o marxismo seria, ao revés, exemplar desenvolvimento dessa dupla tendência que se pode concluir apenas com a resolução da filosofia na ciência).

Manifesta-se já aqui o sofisma, a contradição de Severino: em que lugar se forma esse pensamento do inconvertível, esse saber da alienação originária? Há, talvez, um lugar do pensamento que se coloca fora da estrutura deste mundo? Não há necessidade desse saber, para se afirmar, reconhecer-se, em suma, "ser", da passagem na existência e, em última análise, do devir? Por que, de outro modo, que coisa e como poderia saber? E não há necessidade de se afirmar o domínio sobre outros saberes?

Escreve Lopez:

> "A contradição inelutável de Severino é esta: a nulificação radical do devir produz a sua absolutização e a substantização da lógica. Que outra coisa vai fazer o filósofo se não passar a vida e o tempo a erigir defesas lógicas, no plano regressivo contra o irromper do devir, do medo da morte e, sobre esse progressivo, a esperar o triunfo sobre eles e sobre todos os que os sustêm, ou seja, exercer a sua vontade de poder e domínio do que está na base da alienação originária? Um pensamento que quer nulificar o mundo identificável com o devir é pura vontade de poder mistificado como saber, é retorno ao mundo mágico e à onipotência do pensamento".

Realmente, a reflexão de Severino põe a técnica ao abrigo de toda crítica, seja do uso, seja da estrutura, obviamente cancelando, junto com a crítica, todo problema de liberação da manifestação da materialização mecânica, isto é, cancelando a mesma realidade corpórea da exploração e submissão do homem. Certamente, é uma bela vantagem para a organização capitalista da sociedade moderna saber que a técnica é uma fatalidade em que estamos encapuzados por causa da arrogância de alguns de nossos antepassados. Também a vontade de poder fica isenta de toda crítica que se desenvolva no interior da estrutura deste mundo, a partir da condição de que, vivendo aqui e agora, sofra o domínio incontrolado.

Entre a objetividade do saber científico e o destino que surge do "sentido técnico do ser", ainda uma vez para o indivíduo em carne e osso não há salvação.

Vale a pena, então, recordar que é o próprio de Marx um dos mais encarniçados críticos da técnica, exatamente porque torna o "homem supérfluo". Escreve realmente nos "Lineamentos Fundamentais da Crítica da Economia Política":

> "O pleno desenvolvimento do capital realiza-se portanto — ou o capital está junto e determina a forma de produção adequada para ele — só quando o meio de trabalho não só é determinado formalmente como "capital fixo", mas é suprimido na sua forma imediata, e o capital fixo apresenta-se em face do trabalho, no interior do processo de produção, como máquina. E o inteiro processo de produção não se apresenta como mantido sob a habilidade imediata do operário, mas se apresenta como empenho tecnológico da ciência. Dar à produção caráter científico é portanto a tendência do capital e o trabalho imediato é reduzido a um simples momento desse processo".

E exatamente a visão marxista da técnica (como estrutura historicamente determinada), como capital e portanto como relação social, recoloca o problema da tecnologia da perspectiva da historicidade e criticidade, e põe em discussão a mesma estrutura material do instrumento. Para Marx, afirma Napoleoni:

> "Uma máquina não capitalisticamente usada deveria ser uma máquina "diferente" da que é usada capitalisticamente. Em outros termos, as máquinas, assim como nós as conhecemos, são o fruto de uma tecnologia (e talvez também de uma ciência) que foi pensada totalmente sobre o pressuposto do trabalho alienado. Em uma situação diversa a mudança deveria interessar o mesmo processo de conhecimento e de realização tecnológica, em cujo terminal a máquina se encontra".

Há contudo ainda um ponto que permite contestar radicalmente a pretensa objetividade do processo tecnológico.

Por que o processo de "informatização" tende a ocupar todos os espaços dos "mundos vitais", por que a mediação prismática e a programação cibernética tendem a tornar supérflua até a mediação interpessoal do desejo, e entretanto continua a deixar ao mercado e às relações de força a distribuição dos recursos?

Não é absurdo que a informatização dos ciclos produtivos das empresas tenha enfim anulado a distância existente entre produção e consumo, enquanto nas relações entre economia complexiva e sociedade afirma-se o primado do caso e do risco? Nas relações entre economia e sociedade, o velho princípio da mão invisível continua a valer como lei da vantagem.

Paradoxalmente, a vontade de poder, que assume a forma da apropriação privada da riqueza social, parece operar como obstáculo à extensão da informatização à inteira economia, tornando praticamente possível um projeto consciente no uso dos recursos e da distribuição social deles, segundo critérios diversos do puro cálculo econômico do lucro. A informatização da economia pode reabrir, em termos novos, a questão do "plano" em contraste com o espírito selvagem do mercado capitalista. Dentro do cenário da objetividade científica reaparece, portanto, a vontade de poder, que assumiu a forma do domínio capitalista da ciência e da natureza contra todas as outras possíveis vias de socialização do processo produtivo.

Na realidade, a vontade de poder não é um destino, não é a oscilação entre o ser e o nada que a metafísica grega inaugurou, instituindo a absoluta disponibilidade da coisa (que transcorre entre o ente e o nada), mas a modalidade específica, graças à qual, em um determinado contexto histórico, cultural, psicossocial — e, em seguida, antropológico — fica resolvido o problema da relação entre o homem e a natureza, entre o homem e o seu semelhante.

Na época atual, a vontade de poder, depositada na organização técnica da produção, está em via de colisão com a vontade de poder expressa pelo princípio da apropriação privada da riqueza social, e entretanto o seu desenvolvimento procede de modo complementar porque, no fundo, uma tem necessidade da outra: não é de se admirar que a pesquisa militar e a pesquisa científica confluem na aplicação ao processo produtivo. O nexo entre economia e guerra a confirma melhor que qualquer dissertação filosófica sobre a neutralidade da ciência.

É daí que se podem repartir a crítica da vontade de poder na forma atual e a reconstituição de um outro saber, baseado na cultura do limite.

2. Técnica e natureza

A primeira verificação concreta sobre como se mede a cultura do limite com a vontade de poder da técnica pode-se encontrar na relação entre "máquina" e "natureza". O que, realmente, se torna visível, seja a potencial contradição entre o princípio da apropriação privada da riqueza produzida e o domínio da relação meio-fim, que o desenvolvimento técnico torna possível de modo absolutamente inédito, seja como o enlace entre poder da técnica e vontade de poder da apropriação privada concorra para estruturar a mesma forma da técnica e não apenas o seu uso capitalista.

Giorgio Lunghini descreve assaz eficazmente essa relação:

> "A grande produção submete, antes de tudo, em grande escala, as "forças da natureza" — o vento, a água, o vapor, a eletricidade — ao processo imediato de produção, transformando-as em "agentes do trabalho social". Essas forças da natureza, enquanto tais, "nada custam". Não são produtos do trabalho humano. Mas a "apropriação" delas só vem com a ajuda da máquina, que, ao revés, tem um custo, enquanto elas são um produto do trabalho passado.
>
> Por isso, as forças da natureza, como agentes do processo do trabalho, são usadas graças às máquinas dos proprietários destas últimas. O emprego dos "agentes naturais" — em uma certa medida, a incorporação deles ao capital — coincide com o desenvolvimento da ciência; então, ao contrário, a ciência torna-se fator, por assim dizer, função do processo produtivo. O modo capitalista de produção põe em primeiro lugar as ciências naturais ao serviço imediato dos processos de produção, quando, ao invés, o desenvolvimento da produção fornece os instrumentos para a conquista teórica da natureza".

Existe uma técnica que destrói a natureza, que movimenta os equilíbrios do ecossistema para aumentar a massa de lucros, assim como poderia existir uma técnica que tendesse a conservar os recursos naturais, o ambiente natural e a integridade dos seres humanos que, com isso, interagem. Não é a própria máquina, porém, que pode ser indiferentemente usada para um ou para outro escopo, exatamente como uma central nuclear não é apenas uma alternativa funcional à central solar.

Uma cultura do confinamento e uma crítica da vontade de poder instituem não apenas uma diversa hierarquia entre os fins, mas definem as diversidades formais do meio. Uma relação diversa entre a técnica e natureza não determina só uma diversidade de uso da máquina, mas um modelo diferente de máquina.

A crítica da técnica não é, nestes termos, uma pura recusa da moderna tecnologia em nome de uma visão neo-romântica ou irracional do vivente humano e não humano, mas uma crítica da ordem existente em nome de uma diferente ordem possível, ainda em virtude do inaudito poder da técnica moderna. Também a técnica pode sevir para projetar uma outra máquina.

3. Técnica e liberdade

A escolha entre uma máquina e outra, todavia, não é resolúvel moralisticamente, nem tanto com apelos bucólicos à imagem de uma "natureza intacta".

Devemos estar cientes, até o fundo, do fato de que nós "produzimos" a técnica, assumindo a decisão de tomar a distância do mundo e de instituir a liberdade do acontecer da "coisa", como "centro" da artificialidade e da responsabilidade do nosso viver enquanto indivíduos e enquanto sociedade. A técnica é a medida de nossa responsabilidade do fato, do evento: é o espaço da possibilidade que tenhamos construído dos confins de um cosmo que não nos pertence e que nos é destinado.

O ponto a que estamos ligados, percorrendo essa estrada, é paradoxalmente a negação da premissa que nós próprios tenhamos posto como fundamento da nossa aventura histórica.

A técnica nos ultrapassa, ainda uma vez, mas de uma forma que não nos permite encontrá-la com nosso o pensamento e com a nossa linguagem: a organização técnica da técnica da produção nos entrega à objetividade necessitante de um novo "poder estranho".

A máquina pensante suprime o nosso poder de escolher: o horizonte do possível não é mais um desafio do pensamento e da liberdade, mas a auto-inovação técnica da técnica. A técnica subtrai ao caso e às liberdades até o nascimento e a morte. A mediação interindividual, pela qual construímos a trama de nossa relação entre o eu e o tu, entre a necessidade biológica e a liberdade de projetar e de querer, é substituída pela mediação prismática: desaparece a esfera social, o "centro" em que pensamento e linguagem aconteceram, em que o específico humano tem o corpo preso.

Como o capital, na sua extrema loucura, produz a si mesmo, "tornando o homem supérfluo", assim a técnica traça a sua linha evolutiva segundo a própria lógica: a auto-referenciabilidade do universo tecnológico é o prolongamento da "lógica do capital", da produção até a si mesma.

A decisão de constituir-nos como liberdade, como indivíduos pensantes e falantes na esfera de uma socialidade que define os limites da nossa aventura histórica, é radicalmente reconduzida à discussão.

Ainda uma vez, o predicado substituiu-se ao sujeito: a máquina arrasta o operador como a pilha de uma lanterna portátil.

Tomar partido nestas situações significa escolher a preservação em liberdade, manter a decisão que assumimos para instituir a "dignidade" da nossa existência. Decidir fixar o olhar sobre o vídeo da máquina pensante ou, como dizia Feuerbach, voltar os olhos para o céu: nada nos diz que coisa é melhor, mas sabemos que ela vai além de nós próprios.

Impresso em oficinas próprias da
Lemos Editorial & Gráficos Ltda.
Rua Vieira Pinto, 88
Vila Aricanduva   São Paulo
Fone: (011) 941-3799